城市化与地方财政风险

张　彰／著

国家行政学院出版社

图书在版编目（CIP）数据

城市化与地方财政风险／张彰著 .—北京：国家行政学院出版社，2014.6

ISBN 978-7-5150-1193-6

Ⅰ．①城…　Ⅱ．①张…　Ⅲ．①城市化－影响－地方财政－研究－中国　Ⅳ．①F812.7

中国版本图书馆 CIP 数据核字（2014）第 133241 号

书　　名	城市化与地方财政风险
作　　者	张　彰
责任编辑	李少军
出版发行	国家行政学院出版社 （北京市海淀区长春桥路 6 号 100089）
电　　话	（010）68920640　68929037
编 辑 部	（010）68928873
经　　销	新华书店
印　　刷	北京市昌平开拓印刷厂
版　　次	2014 年 6 月北京第 1 版
印　　次	2014 年 6 月北京第 1 次印刷
开　　本	787 毫米 ×1092 毫米　1/16
印　　张	12
字　　数	173 千字
书　　号	ISBN　978-7-5150-1193-6
定　　价	25.00 元

出版说明

近年来，中国工业化、信息化、城镇化、市场化、国际化进程加快，国民收入稳步增长，经济结构转型提速。同时，中国进入了一个高风险的经济社会大转型、大发展时期，经济社会发展中不平衡、不协调、不可持续问题突出。其中，经济增长的资源环境约束强化、投资和消费关系失衡、收入分配差距较大、科技创新能力不强、产业结构不尽合理、城乡区域发展不协调、就业总量压力和结构性矛盾并存、社会矛盾明显增多等问题表现得尤为明显。此外，随着中国国际地位不断提升和多极化趋势的发展，地区争端增多和多边贸易中的利益纠葛等一系列问题的出现，都急需在政策层面给予回应。

事实上，当前中国面临的诸多“疑难杂症”并非中国独有，如行政效率的提高、公共资源的分配与监督，城市化进程中的建设与治理、多元文化的社会融合与社会和谐、新技术新传媒给政治生活带来的机遇与挑战、国际组织与国际条约体系对国内的多重影响等问题具有相当的普遍性。

发展中国家被这些问题困扰，发达国家也没有完全解决这些问题。所以，问题的普遍性或世界性，使得当代执政者在面临和解决这些问题时，必须具有国际视野和创新观念，而不能拘泥于既有的执政经验和套路，也不应囿于一地一国的有限资源。

面对这种种挑战，我国各级党政领导干部和公务员应具有较强的应对问题、开拓局面、保持稳定、推动发展的综合素质与能力，应不断地主动拓宽理论和知识视野，积极跟踪世界范围内最新而有效的解决问题的政治实践模式，谨慎探索和总结中国现实中的成功经验。同时，也更需要知识阶层积极研究中国社会转型期的新形势、新问题，为应对挑战、解决问题提供智力支持。

“政治前沿新知识文库”是基于上述设想而产生的。这套文库以“资政”为目的，以世界眼光和创新视角聚焦公共政策与治理、社会建设与发展、政党与政治权威、政府与新技术、经济发展与金融战略、国际问题与国际战略等方面的重大问题，将多学科研究的前沿知识与“国家治理”实践中的重要政治、政策问题结合起来，力图打通理论、政策和实践的边界，让理论和政策更好地源于实践、关怀实践。

本文库致力于提供解决现实问题的理论参考、世界经验和丰富案例，以中高级党政领导干部、公务员、政策研究与制定者为主要读者对象，致力于更新其理论视野，提升其执政能力，努力打造影响深远的出版工程。

应该说，本文库是国内知识界在政治前沿问题研究上的一次较为全面的展示，是力图将学术科研界的研究成果转化为政治实践的有益尝试。这套丛书在编写过程中摒弃了传统的体系性的学科知识介绍，而以针对性研究问题的方式出现，看似没什么章法，实则切中肯綮。它既是实践的探索，也是实践的总结，既是经验的浓缩，也是经验的拓展，既是理论的创新，也是理论的积淀。我们认为，不论最终效果如何，这种尝试对于中国转型期许多问题的深入研究，将提供一种新的解决问题的思路。

尝试诚可贵，然纰漏难免。我们也希望能够得到各方面的批评和建议，帮助我们完善这个文库，为读者提供更优质服务，为实现“中国梦”多出一份力。

政治前沿新知识文库编委会

2013 年 5 月

目录

摘　要

城市化作为重要的社会现象和经济现象，成为近年来学术界探讨的热门话题。纵观世界各国的城市化历程，不难看出，城市化引起的外部性经济是推动经济发展的重要驱动力。2012 年，党的十八大再次把城市化作为重要发展战略提出，李克强指出：城镇化[1]是最大的内需潜力所在，是经济结构调整的重要依靠，要积极稳妥地推进城镇化是事关长远的大战略，要把城镇化放在现代化大趋势中来思考。不少学者也提出，城市化将是未来带动我国经济发展最有效的战略和动力之一，13 亿人口的规模和相对偏低的城镇化率，将成为创造内需空间的重要力量。由此可见，城市化既是中国经济增长的动力，也是政府未来的施政重点。然而，事物都具有两面性，城市化在作为经济增长动力的同时，也会伴生出各种各样的社会问题。

一般而言，城市化是市场扩张后自然产生的结果，其核心动力是市场化。但在我国社会主义市场经济体制的背景下，政府是城市化进程的主要推动力，是城市化发展的主导者，而财政作为政府资源的保管者和支配者，在城市化进程中也扮演了重要的角色，在促进城市化发展的同时也必须承担起城市化带来的经济成本和社会成本，甚至可能面临财政风险。因此，由于我国政府在城市化中的主导者地位，进一步拉近了城市化和财政的关系，尤其是在我国土地制度、财政体制以及公共服务供给机制的制度框架下，城市化对地方

[1] 我国目前“城市化”和“城镇化”两种提法在相关研究中经常混用，中国城市与区域规划学界在“中国城镇化道路问题学术讨论会”(1982) 上指出城市化与城镇化为同义语，本文研究中使用“城市化”这一提法。

财政的影响相对较大，地方财政在城市化进程中发展出了新的模式和特征，诸如地方“土地财政”模式和地方政府投融资平台的发展，而这些新的模式和特征，为地方财政风险的形成埋下了隐患。

从各国城市化历程来看，城市空间规模的外延扩张和全社会公共服务需求的提高是城市化的两个典型特征，我国也不例外。本书沿着这两个特征，结合我国土地制度的发展路径与财政体制的特点，探讨城市化和地方财政风险形成的关系，并对相关地方财政风险进行评价和分析，最后提出治理与防范城市化进程中地方财政风险的政策建议。文章的逻辑思路和主要观点如下。

首先，本书从城市空间规模的外延扩张和全社会公共服务需求提高两条主线入手，探讨我国城市化进程中地方财政风险的形成路径。通过分析提出：（1）随着土地制度的变迁，在当前土地制度框架下，地方政府在城市土地市场中从仅行使行政职能的“政府人”角色转变为掌握了城市土地和农村集体土地产权实际剩余控制权，且具有“政府人”和“经济人”双重特征的主导者，城市化进程中城市规模的外延扩张进一步稳固了地方政府在土地市场中主导者的地位，为地方“土地财政”的形成提供了充足的前提条件。而“土地财政”本身是一种不可持续的财政模式，具有一定的风险性；（2）我国公共服务供给机制决定了公共服务供给主体为政府主导，1994 年财政体制改革后的财权上收和事权下移，使地方政府承担了城市公共服务供给的主要职责，当城市化使全社会公共服务需求大幅提高时，地方政府公共服务供给责任过重，地方财政困境凸显。在《预算法》规定地方政府没有自行发债权的情况下，地方政府依靠土地进行投融资的地方投融资平台在全国范围内纷纷成立，规模巨大。地方投融资平台是地方政府一种不规范的举借债务的手段，由于对其管理、监督不足以及和银行贷款的密切联系，地方投融资平台的大规模发展加大了地方财政风险形成的可能。

其次，在分析了我国城市化与地方财政风险形成关联的基础上，采用定性分析和定量分析相结合的方法，进一步对城市化进程中的地方财政风险——地方“土地财政”所形成的风险和地方政府投融资行为所形成的风险两方面进行评价，得出如下结论：（1）对地方“土地财政”所形成的财政风险的分析评价结果有如下两点，第一，地方政府征地、拆迁后，在失地农民转变为市民的过程中，失地农民福利状况的增加以及对城市公共服务需求的大幅提高将给地方财政带来大量的新增开支，加大地方财政的财政困境和支出压力，为财政风险埋下隐患；第二，目前地方财政对土地出让收入具有较强依赖性，基于供求理论和价格理论分析出土地价格在长期内随经济增长而增长，而短期内表现出波动不稳定的特征，进而认为地方财政收入主要来源的不稳定性可能引发地方财政收入风险。另外，土地资源的有限性也使得地方“土地财政”模式不具有可持续性。（2）对地方政府投融资行为所形成的财政风险的分析评价结果从以下两个角度进行概括，第一，从投融资平台自身的缺陷和抗风险能力来看，当前地方政府投融资平台的运作存在决策、担保、效率和监督方面的制度缺陷，地方政府投融资平台的抗风险能力较弱，其运营基本依赖地方政府和财政的支持，平台风险一方面极易转化为地方财政风险，另一方面将转化为金融风险。第二，从投融资平台可能引发的财政风险方面看，一方面，我国以地方投融资平台债务为主的地方政府性债务规模较大，已基本超出了目前经济水平的可承受能力，且具有名目繁多、涉及面广、隐蔽性强的特点。地方政府及财政部门缺乏对债务的管理和监督，由此可能产生的潜在的财政风险极大；另一方面，地方政府投融资平台作为财政和金融资金链的连接中介，将财政风险和金融风险紧密捆绑，财政风险通过资金链的内部连接传导到金融部门，引发金融风险，而最终财政将承担金融风险引发的社会风险，最终形成不可避免的财政风险。

最后，从城市化进程中地方财政风险形成路径的分析中，找出可以突破和完善的内容，提出治理和防范城市化进程中地方财政风险的政策建议。包括三个方面：（1）从明晰农村土地资产产权和推进农村集体土地直接入市转让两个方面，提出我国土地资本化应由“政府主导”向“市场主导”转变；（2）从明确中央与地方政府事权划分范围、适当赋予地方税收立法权及培养地方主体税种的角度，提出应逐步推进中央与地方财政关系的改革，改变地方在财政关系上的弱势地位；（3）从逐步推进地方“举债权”制度的改革和规范地方投融资平台发展两方面，提出地方政府债务制度改革和完善的政策建议。

本书的创新点包括两个方面：（1）从财政风险的研究现状看，以制度性缺陷作为研究视角的研究较多，基本上都从财政内生性的原因来探讨我国财政风险。而本书选择了一个新颖且具有现实意义的研究视角，以外生性因素——城市化作为切入点来研究地方财政所面临的风险，是对财政风险研究的一种延伸和拓展。（2）从政府在城市化进程中的地位和角色这个逻辑延伸思考，发现我国城市化和政府，尤其是地方政府密切关联。由此，通过分析我国城市化和地方财政发展的关系，深入探讨了我国城市化进程中的地方财政风险形成路径，弥补了目前各学者对城市化进程中的财政相关问题研究不够系统的不足。

本书的不足之处在于：由于数据的缺失或不可得，无法完成一些较为重要的定量分析。一是，失地农民的数量是一个根据现有研究推算出的数据，仅能体现全国的大体情况。因此无法详细评价各区域的失地农民带来的财政压力情况。二是，由于我国财政债务数据公开性低、统计不规范，涉及投融资平台的债务及金融部门的相关数据无法准确获得，限制了本书对投融资平台可能引发的风险的评价。在今后的研究中，有待通过实际调研等方法弥补数据缺失的不足。另外，应进一步完善风险评价的整体性和系统性。

导　论

一、选题背景、目的和意义

随着世界各国经济的发展，全球正在经历一个迅速城市化的阶段。根据联合国的统计数据，从上世纪50年代到本世纪初，全球城市化率[1]从29%增长到50%，预计到2025年将超过65%。在发达国家基本已完成城市化的情况下，发展中国家的城市化发展速度尤其突出，近50年来，发展中国家城市人口的增长速度迅猛，约为发达国家的5倍左右。中国作为最大的发展中国家，近年来城市化发展迅速，1978年城市化率为17.92%，截至2011年已突破50%。在金融危机导致我国出口锐减、内需不足的背景下，城市化被寄望为下一轮经济增长的引擎。党的十八大会议再一次把城市化作为重要的发展战略提出；同时，李克强在中欧城镇化伙伴关系高层会议中也指出："城镇化对经济、社会、文化都有巨大而深远的影响，是中国经济增长持久的内生动力。在未来，要把城镇化作为现代化建设的重大战略。目前，中国的城镇化率已超过50%，但要达到欧洲70%多的水平，还需要相当长的时间。"根据美国学者诺瑟姆的城市化发展"S"型规律，城市化率在30%–70%之间的阶段处于城市化发展的加速期，城市化率达到70%后，城市化发展才会趋于平缓。由此，在今后的很长一段时间，城市化既是政府未来的施政重点，也是中国经济增长的重要动力。

从本质上看，城市化是一个地域、人口集中的过程。首先，地域的集中

[1] 城市化率为城市人口占总人口比重。

通过城市空间规模的外延扩张实现，主要表现为大量的农村土地转化为城市建设用地。新中国成立以来，我国农村土地制度经历了农民所有制到集体所有制的变迁；城市土地被国家通过没收、赎买、征购、征用等方式变成国有土地，并经历了从计划调拨分配的使用制度到城市土地市场的形成，即有偿、有期限、可流动的土地使用制度。农村土地和城市土地无论是所有权的归属，还是使用权的配置和法律地位方面，均存在很大差别，形成了我国城乡二元的土地公有制结构，即城市土地归国家所有，农村土地归农民集体所有。在农村土地集体所有的制度框架下，农民集体所有的农村土地产权是不完全的，农村集体组织不具备土地的处分权，农村土地只能通过国家的征收才能改变所有权主体和性质。因此，农村土地变为城市土地的唯一路径是通过国家的强制征收，地方政府作为征地的执行者，成为了农村土地征用市场中的垄断需求者。另一方面，随着我国城市土地市场的建立与完善，城市土地使用权由地方政府通过招标、拍卖、挂牌的方式进行出让，地方政府在城市土地市场中扮演了城市土地的垄断供给者。地方政府在农村土地征用市场和城市土地市场中的垄断需求者和垄断供给者的身份，决定了我国城市化进程中城市空间规模的外延扩张基本由地方政府主导。在这个过程中，地方政府成为了土地增值收益的最大获利者。由此，为我国地方"土地财政"的形成提供了制度性的前提条件。

其次，人口的集中主要表现为大量的农村人口向城市转移，由于移民城市人口的生活方式、就业结构、社会需求等发生变化，整个社会公共服务的需求进一步提高。政府作为公共服务的主要提供者，必须承担起城市化进程中的经济成本和社会成本，包括为城市居民提供就业机会、教育机会以及完善公共基础设施建设、环境建设等方面。我国中央财政集权的财政体制，导致地方财政承担了城市化进程中大部分的公共服务供给职责，地方财政的发展已然演变出新的模式与特征，由此可能加剧地方财政风险的形成，主要表现在以下两方面。

一是地方政府以土地为直接或间接财政收入来源的"土地财政"的形成以及可能导致的地方财政风险。"土地财政"的运行模式分为两个步骤，第一，地方政府通过行政手段将大量农村集体所有土地征用为城市建设用地；第二，地方政府将征收的土地通过土地出让、土地抵押贷款的方式获得财政收入，以维持地方财政运转、弥补财政支出不足。近十年来，我国土地财政收入翻了 30 倍，年平均增长率高达 40.94%，以国有土地使用权抵押贷款的地块、抵押金额以及贷款金额也呈现出飞速增长态势。

在“土地财政”模式运行过程中，第一步骤——地方政府征地，所引发的群体性事件、社会冲突将形成社会风险，而失地农民的生存保障问题将进一步加大地方财政困境及支出压力，可能引发地方财政风险。

据统计，近年来失地农民人数骤增，每年新增约 500 万人[1]。对于农民来说，一方面，失去土地是失去一笔家庭财富，失去最基本的就业岗位，失去一种低成本的生活方式，失去生存和发展的保障基础。地方政府作为社会保障的主要提供者，必然面临庞大的支出成本，不断增加的支出压力有可能导致财政困境。另一方面，农民处于完全的信息劣势地位，权力的不对称使农民难以与地方政府直接对话争取自身权益，导致农民在征地过程中的利益难以保障。因此，失地农民为维护自身利益，在采取常规途径难以奏效时，只能采取极端行为，从而引发各种群体性事件、极端性事件，由此产生的各种社会问题与矛盾不断汇集。数据显示，近年来因土地征收产生的纠纷占整个社会冲突的 60%。

由于土地资源的稀缺性和有限性，第二步骤——以土地作为主要财政收入来源，过度依赖土地维持当前财政运转及财政投资，将掩盖未来的财政风险和危机，并严重影响地方财政的长期稳定和可持续发展。此外，依靠土地抵押贷款助推投资过热，加大宏观调控难度，且由于偿还贷款来源不稳定将可能导致银行的信贷危机进而形成金融风险，最终金融风险转变为社会风险也将由财政买单而形成财政风险。

二是地方政府以“土地财政”为基础的投融资行为的发展以及可能导致的地方财政风险。近年来，在快速发展的城市化进程中，城市基础设施滞后

[1] 从经验数据看，每征用 1 亩土地，就会产生 1.5 个失地农民，如果按照每年非农建设占用耕地 250-300 万亩的速度推算，每年大约会增加 375-450 万失地农民。

于社会需求是各级地方政府面临的主要难题之一。为了弥补资金缺口、突破资金瓶颈，各地纷纷组建隶属于政府的投融资平台，通过政府担保、土地抵押等形式，从银行贷款进行基础设施建设投资。根据国家审计署统计，截至2010年底，共有地方政府投融资平台6576家，全国省、市、县三级地方政府性债务余额共计10.7万亿元[1]；根据中国人民银行统计数据[2],截至2010年末，地方投融资平台贷款的上限为14万亿元。

地方政府投融资平台的债务规模巨大，由于基础设施的长期性和非营利性，短期内项目的投资收益不足以弥补融资成本，还款来源主要为财政收入、土地出让金等，由于财政收入的局限性、土地资源的稀缺性和土地价格的不稳定性，大规模的银行贷款将可能形成银行坏账，导致金融风险，加之大规模的地方政府性债务，进一步加大财政危机出现的可能性。

随着时代的变迁、社会的发展、体制的改革，每个时代、每个阶段都面临不同的财政风险，在全球金融危机、欧债危机的大背景下，以我国目前的发展阶段和特点——城市化作为切入点，研究财政可持续性和可能引发的财政风险问题，一方面有助于城市化的顺利进行和可持续发展，另一方面有助于我国（公共）财政体制改革的进一步推进。

二、文献研究现状

（一）城市化进程中地方政府选择与财政发展相关研究

1. 政府征地以及征地涉及的问题

关于政府征地问题，目前的研究主要集中在失地农民可持续生计和社会保障方面。安徽省财政厅调研组（2006）通过对失地农民现状的调研，认为失地农民生活困难的主要原因为政府征地行为不规范，包括征地补偿费低，标准不统一，一次性补偿的安置方式缺乏效用等。赵曼、张广科（2009）认为失地农民面临资产积累能力不足、生产性就业能力缺乏以及社会保障支撑

[1] 审计署35号公告。

[2] 2011年6月1日中国人民银行发布的《2010中国区域金融运行报告》。

力度不够的可持续生计问题，政府应当根据失地农民的需求，针对失地农民年龄、性别、教育状况、健康状况、就业状况等因素，对不同类型的失地农民提供相应的补偿安置方式，建立相应的保障制度[1]。李冬梅、钟永圣（2010）归纳了当前我国对失地农民的社会保障的方式，包括货币安置、土地换就业安置、土地换社会保障安置，并提出用于社会保障的征地补偿款是否能够实现自我平衡和可持续发展，是否会给地方政府带来新的或有债务的疑问[2]。

也有文献就征地后的土地整治资金的运作管理进行研究，刘红梅、王沛、王克强（2011）通过对农村土地整治资金的来源及使用方向的分析，提出资金需求量大、筹资难度大，资金利用效率低、管理不规范，公众参与度不够及缺乏社会监督等问题[3]。

从这些研究可以看出，政府征地导致的失地农民的问题和土地整治的成本问题均会形成财政负担，进而引发财政风险。

2.“土地财政”的相关研究

我们把地方政府通过土地出让、土地抵押贷款获得财政收入，以维持地方财政运转和弥补财政支出不足的行为称为“土地财政”。目前大部分学者认为“土地财政”将衍生一系列社会经济问题，对财政、经济产生消极影响，也有少数学者持较为乐观的态度。不少学者分析了其成因，也给出了改善局面的政策建议。

余丽生（2011）认为“土地财政”没有想象的严重，其积极的一面表现为扩大了政府理财范围、缓解了地方财政困难；推进了城市化进程、带动了房地产行业的繁荣，进而促进了经济增长。众多学者则认为“土地财政”无论对财政安全还是经济增长都产生了消极影响。周雪飞（2008）认为土地储备贷款比重上升助推“投资过热”，加大了宏观调控难度；土地出让金大幅

[1] 赵曼，张广科．失地农民可持续生计及其制度需求 [J]. 财政研究，2009(8).
[2] 李冬梅，钟永圣．论我国城市化进程中失地农民的社会保障问题 [J]. 财政研究，2010(5).
[3] 刘红梅，王沛，王克强．农村土地整治资金运作管理问题研究 [J]. 财政研究，2011(12).

增加导致银行体系财政存款资金上升过快，加剧“流动性过剩”；“土地财政”导致地价上涨推升房价产生的房地产泡沫直接危及银行信贷安全。刘笑萍、童伟（2009）通过对北京市财政收入的实证分析，认为财政收入的不可持续性来源于非税收入的非正常增长，并以财政收入、支出与 GDP 增长的弹性系数作为分析工具，提出政府的财政收支行为受经济周期摆布，当前虚假的财政繁荣掩盖了未来的财政风险和危机，将严重影响地方财政的长期稳定和可持续发展。薛白、赤旭（2010）以企业寻租作为切入点，通过一个两要素、三部门模型探讨了土地财政与经济增长的关系，认为在弱制度环境和“消极的”政府假定下，土地财政和经济增长呈现反比关系，而寻租的挤出效应是导致土地财政和经济增长弱反比的主要原因[1]。陈志勇、陈莉莉（2010），李保春（2010）提出“土地财政”导致财政收入结构的脆弱与不可持续，加剧房价的扭曲，固化消费疲弱的经济格局，导致耕地流失问题以及失地农民问题[2]。

关于“土地财政”的成因，主要表现为表象上的地方政府预算内财力不足与根源上的制度体制的不正确激励和弱约束。张丽华、李保春、张吕、张蕾（2010），赵合云（2011）提出，偏重经济内容的政绩考核机制和行政集权下的财政分权体制对地方政府“土地财政”行为形成了强激励和弱约束。贾康、刘微（2012）认为财政体制、税制的不健全，主要包括财力与事权不匹配、转移支付制度不健全，省以下财政体制不完善，地方税体系建设不到位、土地税制设计落后、土地保有环节税制缺位等问题是“土地财政”形成的原因[3]。

关于改善“土地财政”现状的政策建议，将各学者的观点总结为以下几点：第一，从体制的角度，首先，提出进一步完善分税制财政体制，包括明确划分中央与地方政府的事权范围，促进地方政府事权和财力的匹配程度以

[1] 薛白，赤旭．土地财政、寻租与经济增长 [J]. 财政研究，2010(2).

[2] 李保春．我国土地财政现象若干思考 [J]. 财政研究，2010(7).

[3] 贾康，刘微．“土地财政”：分析及出路——在深化财税改革中构建合理、规范、可持续的地方“土地生财”机制 [J]. 财政研究，2012(1).

及改变以经济增长为核心的政绩评价机制等方面；其次，提出尽快出台物业税，赋予地方政府基础设施建设发债权等。第二，从政府内部改革的角度，首先，提出通过完善信息披露机制，提高财政透明度，杜绝腐败和寻租行为，主要包括政府预算与会计改革，建立政府财务报告机制等方面；其次，提出建立财政稳定基金，将政府在资源丰沛期获得的一部分“超额”收入存储起来，以备资源枯竭时使用。第三，健全土地管理体制，改革完善土地入市交易制度。

3. 地方政府投融资行为研究

在我国，城市建设的责任属于地方政府，其主要融资手段是地方投融资平台，而平台和国有银行不良资产、金融风险、或有财政风险密切相连。因此，本书分别从地方投融资平台自身以及与投融资平台相关的国有银行不良资产、金融风险、或有财政风险两方面，归纳总结现有文献对地方政府投融资行为的研究。

（1）地方投融资平台

地方投融资平台的建立始于 1994 年的财政体制改革，繁荣于 2008 年金融危机政府的财政扩张政策之后，成为地方政府的主要融资手段。随着城市化进程的加快，近年来迅速扩张，规模巨大，现有文献主要就其成因、现状、存在的问题、风险以及如何治理等方面进行了研究。

封北麟（2009）认为，《预算法》的约束、财力与事权不匹配等财政体制因素，预算管理不到位，财政政策的扩张是投融资平台形成的主要原因。梅建明（2011）认为除了我国特殊的财税体制外，官员的任职体制也是重要原因。地方政府投融资平台风险控制机制研究课题组（2011）指出城镇化的快速发展是地方政府投融资平台存在和发展的深层背景[1]。刘煜辉（2010）则认为地方政府融资膨胀本质上属于政府职能和政府激励问题，不宜过分强调地方财权事权不对等[2]。

[1] 地方政府投融资平台风险控制机制研究课题组 . 地方政府投融资平台：风险控制机制研究 [J]. 经济研究参考，2011(10).

[2] 刘煜辉 . 高度关注地方投融资平台的“宏观风险”[J]. 中国金融，2010(5).

陈杉（2011）将地方投融资平台分为三类：城建交通类融资平台，主要涉及基础设施和公益项目；地方战略性融资平台，为了帮扶战略性、主导性的国有企业；AMC型融资平台，为了帮扶困难国有企业解决困境。王晓曦（2010）按还款来源将融资平台分为三类：市政基础设施建设平台，还款来源全部为财政收入；土地综合开发平台，还款来源主要为土地出让收入；特定项目融资平台，以商业运作为主，还款来源主要是收费权、项目投资收益等。魏嘉宁（2011），何洋、满燕云（2012）对投融资平台的数量、规模等现状进行分析，后者从wind数据库中，选取在资本市场公开发债的地方投融资平台类企业2002至2010年的相关数据和资料，对不同省份的投融资平台的债务规模进行了估算。

就投融资平台存在的问题，将曹红辉（2010），王晓曦（2010），魏佳宁（2010），陈杉（2011）的观点归纳为平台的自身的问题、银行的问题以及地方政府的问题，包括担保行为不规范，土地依赖大，重复抵押情况普遍；资金使用管理上，财政部门监管能力弱化等。基于上述问题，地方政府投融资平台风险控制机制研究课题组（2011）认为，投融资平台目前短期风险小，长期风险大；总体风险小，局部风险严重；发达地区风险小，欠发达地区风险高。封北麟（2009），刘煜辉（2010）则认为，微观偿付风险可能不是地方投融资平台贷款的大问题，更为重要的是由于政府债务膨胀所导致的宏观风险，如货币贬值、资产价格下降、投资意愿下降引发的就业问题以及投资消费结构扭曲等。

肖耿、李金迎、王洋（2009），王晓曦（2010），魏佳宁（2010），陈杉（2011）均对投融资平台的治理提出了观点和建议，大概可归纳为以下几个方面：规范平台行为，包括明确职能定位、政企分离；充实资本金，建立科学决策机制、严格监管机制、责任追究机制以及提高债务信息披露透明度；拓宽融资渠道；规范银行行为，尤其要加强商业银行对平台风险的评估以及贷款监管；规范政府行为，包括加快财政体制改革、推进地方公开、合法举债；建立完善的债务管理体制，动态评估地方负债规模及风险，增加财政负债信息透明度；加强对平台的监管，建立担保网络体系，通过健全土地管理制度规范担保等。

（2）与政府投融资行为相关的国有银行不良资产、金融风险与或有财政风险

城市基础设施建设项目普遍具有超前性、社会性、公益性等公共产品属性，以及投入量大、建设周期长、沉淀成本高、需求弹性小等特点，政府对其大规模的投融资行为，可能引发国有银行不良资产、金融风险，最终转换为或有财政风险。就国有银行不良资产、金融风险和或有财政风险的相关性研究，樊纲（1999）认为国家综合金融风险与财政风险具有相关性，提出“国家综合负债”和“国家综合金融风险”的概念，认为国民债务应当包括政府债务、银行坏账和全部外债，并指出我国财政风险的最大可能性来源于银行坏账。刘尚希（2006）提出，对社会造成整体性、关联性影响的金融风险称为宏观金融风险，属于公共风险，与政府的财政责任有内在的关联性，构成财政风险的重要来源。刘艺（2006）分析了国有商业银行不良资产转化为财政风险的传导机制，认为国家是国有银行的最终所有者，以及不良资产有相当部分是地方政府担保融资形成的或有债务，最终风险都是财政承担。俞乔、赵昌文（2009）运用政治家与银行经理人的效用函数，包含财政补贴和银行经理人活动（寻租）等变量的银行信贷供给函数构建数学模型，得出银行不良资产的产生和政府行为的关系涉及两个方面：一是受政治家的主动影响，产生政治性过度信贷，经理人处于履行隐性政治契约的被动地位；二是由于道德风险的影响，经理人在财政补贴与寻租收益激励下的主动选择的过度信贷。

（二）财政风险的研究视角、思路以及评估方法的研究现状

1. 财政风险的研究视角及思路

对财政风险的理论探讨，世界银行的 Hana Brixi（1999）将政府或有负债纳入了财政风险的分析框架，提出了财政风险矩阵的概念，将政府债务分为直接显性债务、直接隐性债务、或有显性债务以及或有隐性债务四个部分。和传统的债务风险研究相比，财政风险矩阵的提出对债务范围的定义进一步

扩大，分类也更为详细和准确，Hana Brixi 在财政风险理论方面做出了开创性的贡献[1]。随后，在她进一步的研究中，将可用于偿还债务或具有偿还能力的财政性资源和政府债务相结合，提出了财政风险对冲矩阵的概念[2]。财政风险对冲矩阵的提出，拓展了财政风险控制和防范方面的研究，但由于无法定量评估其大小和程度而存在一定的局限性。

国外学者对财政风险产生的原因和影响因素的研究，表明政府的行为和决策与财政风险有着重要关联，甚至是加重财政风险的诱因之一。一些学者认为财政政策的稳定有助于减弱财政风险。Forni Mario, Reichlin, Lucrezia（1999）对欧洲国家财政政策的变化、财政收入的波动情况和其与财政风险的相关关系进行研究，提出财政政策一致性和稳定性，以及财政收入的稳定增长对于降低财政风险有着重要的贡献。Lloyd-Ellis Huw, Zhu Xiaodong（2001）通过对财政风险影响因素的分析及财政风险程度的评估，也提出增强财政政策的稳定性可以缓解风险带来的财政震荡。

另一方面，一些学者认为政府对基础设施的直接投资或对私人投资进行担保，是财政风险的主要来源之一。Timothy Iruin、Michael Klein, Guillermo E Perry, Mateen Thobani（1999）认为，基础设施投资由私人投资建设可能更为有效，也能一定程度地减少财政支出的压力，但发展中国家的政府往往扮演基础设施投资风险的最终承担者，由此致使私人在进行基础设施投资时缺乏防范风险的意识。进而提出，政府应遵循谨慎性原则，严格对基础设施的投资成本、收益进行详细评估，加强对私人基础设施投资的担保管理及监督，防止未来由于担保失败而带来的风险。Christopher M, Lewis, Ashoka Mody 从金融领域、商业领域以及具体事件的操作三个方面，把基础设施建设中财政所面临的风险细分为金融风险、商业风险、操作风险和事件风险四部分，并认为为了避免风险发生，首先应当对各类风险可能发生的概率和损失进行预

[1] Hana Polackova Brixi. Government Contingent Liabilities: A hidden Risk to Fiscal Stability [J]. Working paper of the World Bank, 1998.

[2] Hana Polackova Brixi. Contingent Liabilities in New Member States[J]. The World bank, 2004.

测，其次将这些损失纳入到财政预算框架内，设立对应的预算资源。Miguel Almeyda, Sergio Hinojosa（2001）提出了利用 B-S 的期权定价公式对政府担保进行定价的具体方法，并采用微观风险评估方法——VaR 方法，针对基础设施具体项目进行其债务风险的衡量，进一步就或有负债在基础设施建设中对财政稳定构成的威胁进行了研究[1]。

此外，政府财务报告的完整和透明也是弱化财政风险的有效手段。Teresa Ter-Minassian（2005）的研究表明，透明完整的政府财务报告可以将财政风险清晰地显示，有助于加强政府对财政风险的管控[2]。

我国财政学界对财政风险的研究始于 1998 年，当时为了应对亚洲金融危机实行的积极财政政策，引发国债发行规模和累积余额迅速增长，对财政稳定运行形成威胁，众多专家对财政风险问题开始了广泛的理论和实证方面的分析。关于财政风险的研究视角与思路归纳如下。

刘尚希（2003）认为财政风险来自于私人风险的转化，其转化的临界点是私人风险变为公共风险。财政风险是政府承担和化解公共风险过程中可能出现的一种结果，有些财政风险是政府错误决策导致的。提出了财政风险评价框架的三个层次：公共债务与公共资源存量的对比分析、公共债务与公共资源流量的对比分析及公共债务与经济总规模的对比分析。刘尚希（2005）以公债与经济总量的关联性为切入点来讨论财政风险，认为只要经济持续增长就会降低公债风险的观点是不现实的。提出若公债促进经济增长，增长为债务的清偿提供了更大的空间，此时公债引发的财政风险是收敛的，属于良性循环；若公债拖曳经济增长，而增长的迟缓会引发更多的公共债务，进而加重对经济的拖曳，此时公债引发的财政风险是发散的，属于恶性循环。能否进入良性循环状态，关键在于公共债务的制度安排，即政府在什么情况下可以使用债务手段[3]。刘尚希（2005）在另一篇文章中，根据 Brixi 的财政风

[1] Miguel Almeyda, Sergio Hinojosa. Revision of State of the Art Contingent Liability Management [J]. World Bank Policy Research Working Paper, Washington DC, May 2001.

[2] Teresa Ter-Minassian. Government Guarantees and Fiscal Risk: prepared by the Fiscal Affairs Department [J]. 2005(4).

[3] 刘尚希．财政风险：从经济总量角度的分析 [J]. 管理世界，2005(7).

险矩阵提出了公共债务矩阵，测算了我国2004年公共债务的大概规模，认为若假定或有负债实际发生概率为0.5，我国债务规模占GDP的比重将达到91.18%，实际公债负担率比表面上高出许多。

郭鸿勋、武康平（2005）运用土地供给曲线和需求曲线对长期土地价格和中期土地价格进行分析，提出由于中期土地价格具有波动风险，而土地储备的主要资金来源是银行贷款，因此将造成偿还贷款困难，财政承担最终还款责任，进而冲击财政正常运行。

姜文彬、尚长风（2006），唐云锋（2006）基于委托代理理论讨论了地方政府过度负债的问题，通过委托代理理论模型分析，前者认为地方过度负债是在委托人中央政府和受托人地方政府各自追求自身效用最大化过程中内在产生的。后者提出，在地方政府与上级政府及本地公众的双重委托代理关系中，作为最终委托人的地方公众没有得到选择代理人和代理合约的权利，与标准委托代理关系偏离，导致了作为代理人的地方政府不能实现公众利益最大化，进而导致地方债务的扩张。并认为建立民主选举制度，保证作为委托人的公众具有选择代理人和代理合约的权力是降低风险的途径之一。

刘尚希（2010）认为在我国当前的“决策在中央，执行靠地方”的分税制模式下，用财政联邦主义，即分权的思维赋予地方政府发行债券的权力，并不能有效化解地方债务风险。地方政府性债务不是一个独立事件，只有从国家整体的角度，明确中央与地方责任的划分和界定，完善其内部的分权结构才能有效解决地方政府债务问题。

薛钢（2010）研究了地方政府债务与财政外部性的关系，提出财政外部性是指未在政府税收中得以反映的公共服务交易成本或收益。认为地方债务风险是财政外部性产生的主要原因之一，而财政外部性将导致地方债务风险的恶化和扩大[1]。

吴俊培、张斌（2012）认为财政风险并不仅仅是财政部门的风险，政

[1] 薛钢. 地方政府债务诱发财政外部性问题[J]. 财政研究，2010(5).

治的、经济的、道德的各种社会风险都会在财政上体现出来。因此，财政风险和社会风险、自然风险之间存在替代关系，是社会风险、自然风险的集中体现[1]。

也有学者专门对或有债务进行了研究，赵志耘、张德勇（2002），《地方财政或有负债研究》课题组（2003）对或有债务的特点、成因和来源进行了分析，前者认为支出的刚性、财政机会主义、传统预算本身的不足、地方政府作为基础设施的主要提供者的角色、经济发展的波动性是或有债务的成因。后者提出，或有显性负债是由政府的政策性融资手段和政府的行政不当引起的，或有隐性负债是由于政府是国有资产的最终所有者、社会稳定责任的承担者的角色决定的。吕伟（2007）认为，在基础设施建设中，政府各种类型的担保和支持，都可能产生财政成本，形成或有负债。马恩涛（2010）分析了或有负债的来源领域，传统上产生于国有金融部门和国有企业，随着城市化的加速，越来越多出现基础设施建设领域以及地方政府负债将成为中央政府或有负债的重要来源领域。

2. 财政风险的评价方法及结果

刘迎秋（2001）借鉴欧盟经验，运用三部门经济条件下的赤字率、债务率及其警戒线一般理论模型对我国债务率和赤字率进行实证分析，提出了与中国现阶段国民经济发展相适应的赤字率、债务率及其警戒线。

刘尚希、赵全厚（2002）[2] 用政府资产存量、收支流量以及债务规模三个变量建立评价指标来判断政府债务的风险状况。如图 1，用债务规模与政府资产存量建立指标 1，与收支流量建立指标 2 和指标 3，根据 3 个指标判断政府债务的风险状况，得出结论：无论从存量，还是从流量观察，可用于抵御债务风险的资源紧张，应该说已经到了警戒线。沈沛龙、樊欢（2012）[3] 延续刘尚希、赵全厚的思路，从政府资产负债角度研究政府债务风险，将政府

[1] 吴俊培，张斌．中国市场经济体制建构中的财政风险 [J]. 财贸经济，2012(1).

[2] 刘尚希，赵全厚．政府债务：风险状况的初步分析 [J]. 管理世界，2002(5).

[3] 沈沛龙，樊欢．基于可流动性资产负债表的我国政府债务风险研究 [J]. 经济研究，2012(2).

“可流动性资产”看作保障政府债务顺利偿还的基础，构建了政府资产负债表，运用数理统计模型建立了债务风险评价指标违约概率 PD（政府流动性资产小于债务余额的概率）和违约距离 DD，评价了 1998 年至 2010 年我国直接债务风险和或有风险情况。

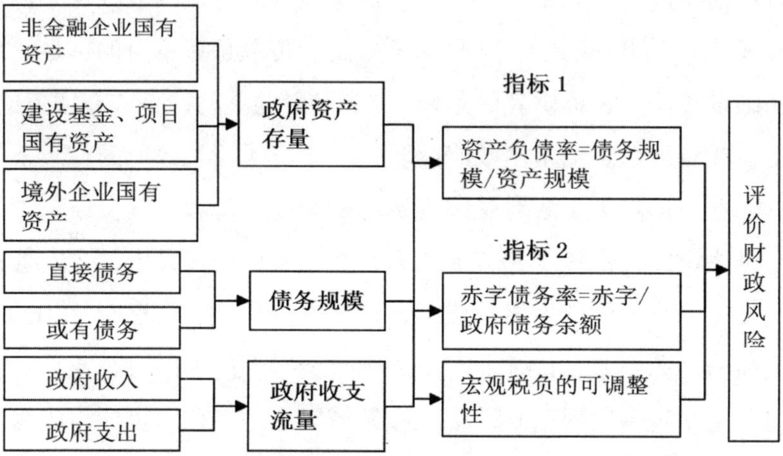

图 1　基于政府资产存量及收支流量的政府债务风险评价图

裴育（2003），裴育、欧阳华生（2007）[1] 提出了构建我国财政风险预警系统的基本思路，讨论了风险预警机制构建的组织体系和预警程序，通过建立评价指标体系，运用数理模型确定每组风险的临界值，将风险分为轻度、中度以及高度应用到我国当时的财政风险评价中。王晓光（2005）针对直接显性债务和已转换为直接显性债务的其他隐性债务构建评价指标体系，运用模糊评价法评价风险级别。许涤龙、何达之（2007），谢虹（2007）[2] 把财政风险分为直接显性风险、或有显性风险、直接隐性风险、或有隐性风险四个子系统，确定每个系统的评价指标，前者根据国际警戒线对子系统的风险进行度量，然后采用层次分析法、方根法评价总体财政风险。后者运用模糊评价法评价出风险级别。

伏润民、王卫昆、缪小林（2008）通过构建债务风险的评价指标体系，运用因子分析法对西部某省的 129 个县（市、区）进行了债务风险的评价

[1] 裴育，欧阳华生．我国地方政府债务风险预警理论分析 [J]. 中国软科学，2007(3).
[2] 谢虹．地方政府债务风险构成及预警评价模型构建初探 [J]. 现代财经，2007(7).

比较，并用聚类判别分析法得到全省 129 个县（市、区）政府债务风险区间。通过比较地方政府当期的“机动财力”与应还本付息额，构建了地方政府当期债务可持续性规模测定的理论模型，运用某省数据进行了实证测算。缪小林、伏润民（2012）基于社会福利最大化悖论分析了债务生成机制，运用同样的风险评价方法实证评价了西部某省近 10 年来的债务风险的变化情况，并用H P滤波分解方法对实证结果进行进一步分析[1]。

郭玉清（2006、2009、2011）从违约和逾期债务的角度，运用数理统计模型评价财政风险。对于直接显性债务，用逾期债务、新增违约债务和债务余额的相互变化关系构建数学模型，评估财政风险状况，并运用数理统计方法给出了偿债准备金的测算过程。对于除直接显性债务外其他的债务风险，也分别给出了理论上的测算模型[2]。

于凌云（2008）从某市显性直接债务的负担情况、主要来源和期限结构三个方面评价了该市的债务情况及可能面临的风险。以国际认可的地方政府债务规模警戒线为目标，将风险期控制在十年之内，通过计量模型对地方财政能力的预测，提出了债务风险化解的具体方案：一是偿债预算和地方逐步控制债务增长的方案；二是基数提取偿债资金纳入预算滚动方案。

祝志勇、吴垠（2005），吴俊培、张斌（2012）通过构建计量模型，分析了财政风险的影响因素及相互关系，前者认为财政风险随着国有化率的降低而节节攀升，财政分权对财政风险产生正面影响[3]；后者提出在市场经济体制构建过程中，存在体制改革摩擦，这种制度性摩擦不仅一定程度上弱化了“双向改革”的风险化解效果，而且自身也导致了新的风险产生[4]。

关于或有财政风险的评价，赵志耘、张德勇（2002）概括性地介绍了

[1] 缪小林，伏润民．我国地方政府性债务风险生成与测度研究——基于西部某省的经验数据 [J]. 财贸经济，2012(1).

[2] 郭玉清．逾期债务、风险状况与中国财政安全——兼论中国财政风险预警与控制理论框架的构建 [J]. 经济研究，2011(8).

[3] 祝志勇，吴垠．内生型制度因子的财政风险分析框架——模型及实证分析 [J]. 财政研究，2005(2).

[4] 吴俊培，张斌．中国市场经济体制建构中的财政风险 [J]. 财贸经济，2012(1).

或有负债的量化方法，一是简单的运用风险概率来量化：$D=d_1p_1+d_2p_2\cdots\cdots+d_np_n$；二是专业的运用保险精算技术、计量经济模型和或有权益分析法进行量化。吕伟（2007）以单个基础设施项目为研究对象，运用实物期权方法评估其引致的政府或有负债价值。卢文鹏、尹晨（2004）运用 William Easterly 的“财政调整假象模型”，分析得出中国政府通过提供隐性担保补偿的方式保障了整个经济转型的平稳推进。在短期内，政府以最小化的财政支出取得了巨大的社会收益。但同时也指出这种策略的实施使得政府在经济转型的后期面临越来越大的财政支付压力，导致更高的财政风险[1]。

3. 财政风险热点内容：地方政府债务的成因、现状、问题及化解建议研究

众多学者从理论上分析了地方财政风险，主要包括地方政府债务风险的成因、现状、存在的问题，并提出化解建议。

马海涛、吕强（2004）将地方政府债务风险形成的原因总结为政府、市场以及企业职能不明晰导致政府超越本身职能的过度支出的经济体制原因，事权下移、财权上收以及转移支付制度不完善等财政体制原因以及债务本身管理方面的问题。李胜（2007）提出，财政机会主义隐藏政策成本，产生大量或有债务，是风险的成因之一。于海峰、崔迪（2010）认为，还应当包括地方行政层级过多造成的财政负担过重。蔡玉（2011）提出，金融监管制度不完善也是风险成因之一。王叙果、张广婷、沈红波（2012）认为，财政分权导致的扩张预算外收入的行为、晋升激励机制以及双重软预算约束（地方政府、国有银行）是地方过度负债的深层原因[2]。

在地方政府债务现状及问题分析方面，顾建光（2006）描述了地方政府债务的主要特征：一是规模庞大，重心下移；二是隐蔽性强，透明度差；三是偿债能力低，违约率高；四是分散管理，偿债责任难以落实。范柏乃、张建筑（2008）分析了我国地方政府债务现状，根据世界银行报告估计推算出

[1] 卢文鹏，尹晨．隐性担保、补偿替代与政府债务——兼论我国的财政风险问题 [J]. 财贸经济，2004(1).

[2] 王叙果，张广婷，沈红波．财政分权、晋升激励与预算软约束——地方政府过度负债的一个分析框架 [J]. 财政研究，2012(3).

了或有债务的规模。并认为我国地方政府过度负债滋生了众多“形象工程”，影响了地方政府的正常运转，制约了地方经济的发展，损害了政府的公信力，危及了社会的稳定。袁洁、夏飞（2012）认为在地方政府性债务管理方面，还存在统计口径差异导致债务规模不清，缺乏防范债务风险的法律法规以及预警机制的问题。蔡玉（2011）认为地方政府债务规模总体可控，局部地区存在较大风险；债务主体多元化，举债方式不规范；银行贷款为债务主要来源，主要投向交通运输和市政基础设施；地方政府性债务总量与经济发展水平呈正相关，并呈橄榄型结构。

基于地方政府债务风险的成因、现状及问题，马海涛、吕强（2004）提出了经济体制上要转变政府职能，充分发挥市场的作用；财政体制上要明确事权划分、完善地方税制建设以及完善转移支付制度建设。并认为，体制原因角度的改革是个长期的过程，相应提出短期内应借鉴其他国家的管理经验及模式，构建具体的地方债务管理机制。吴世雄、孟景伟（2007）就地方债务管理机制的构建提出了具体想法，包括建立政府债务筹资成本平衡比较机制，完善政府债务资金使用比较评价机制，建立基于信息库管理的政府信用评级系统，基于会计核算体系的政府债务财务分析系统，以及基于国库现金流管理的政府性资金运行系统等。袁洁、夏飞（2012）则认为在债务管理方面，应赋予财政部门对债务的统一监管权，加强地方政府性债务的全过程（事前、事中、事后）监管，建立健全偿债准备金制度，并加强监督审计跟踪[1]。王叙果、张广婷、沈红波（2012）提出要允许地方政府自行发债、建立科学健全的地方政绩考核评价体系、硬化国有商业银行的预算约束防止短期经营行为的建议。

（三）对现有研究现状的评述

从目前的研究中可以看出，将城市化进程与财政风险结合起来研究的文献较少，对城市化与（公共）财政的关联分析，以及可能导致的财政风险的探讨较为有限。

[1] 袁洁，夏飞．基于审计视角的地方政府性债务管理探讨 [J]. 财政研究，2012(2).

首先，在城市化进程中地方政府选择与财政发展的研究中，第一，关于政府征地问题主要侧重于如何建立失地农民可持续生计机制和社会保障机制，对政府所承担的超预期的公共服务职责、建立完善社会保障体系的财政成本的分析及评估研究较少，对征地拆迁纠纷形成的社会风险也缺乏较深入的探讨，而就如刘尚希（2003）提出的财政风险是政府承担和化解公共风险过程中可能出现的一种结果，这些都将形成或有财政风险，本书将在探讨社会风险与财政风险关系的基础上，对失地农民可能造成的财政困境及压力进行定量评估；第二，学者们从不同的角度，运用不同的分析方法和模型，提出了“土地财政”衍生的诸多社会经济问题，但就这些问题如何引发财政风险的研究不够深入，本书将借鉴日本城市扩张的经验，从土地资源的有限性和土地价格具有波动性两个角度，分析“土地财政”模式的可持续性，并对可能引发的财政风险进行评价；第三，在政府投融资行为的研究中，主要集中于成因、现状以及问题分析，就其形成的金融风险、公共风险及相关财政风险偏重于理论上的描述，定量及实证分析较少，本书将尽可能搜集相关数据、构建指标体系，结合政策的实施效率、制度的约束以及宏观指标的影响等方面，对其进行定量及实证分析；关于国有银行不良资产与金融风险和或有财政风险的关系，早在 1999 年就有学者提出，但大多是基于国有企业改革的背景来研究。随着城市化进程的推进，国有银行不良资产、金融风险和或有财政风险的联系更为紧密，本书将把宏观金融风险纳入财政风险管理框架，进行更深入、更具体的研究。

其次，回顾国内外学者对财政风险的研究，第一，就研究视角而言，有的学者基于某种方法或理论，如基于公债和经济总量的关联性、土地价格的波动分析、委托代理理论等；有的学者从某种制度环境来研究，如基于财政联邦主义即财政分权制度等；有的学者直接将或有财政风险单独分开研究。这些研究视角均不能逃脱就风险论风险的情形，与时代的变迁、社会的发展、制度的约束以及体制的改革关联度较低。在我国当前土地所有权制度和财政分权体制具有特殊性的大背景下，城市化进程的加速推进将进一步影响地方政府的行为与地方财政的发展，与财政风险的关系也更为密切。因此，本书从我国土地制度的发展与变迁入手，结合公共物品供给理论、我国财政体制的特点，深入分析我国城市化与地方财政发展的关联，重点探讨城市化进程中我国地方财政风险的形成路径；第二，关于评价方法，成体系的大概有四类：(1) 就几个简单指标，如赤字率、债务率等，根据国际警戒线，简单判定风险状况。该评价方法仅针对直接显性债务，过于简单且不能准确反映真实风险情况；(2) 建立风险评价指标体系，运用层次分析法、因子分析法、模糊评价法等数学方法进行风险级别的判定。这类方法的缺陷在于由于数据的可得性问题，在指标体系的构建上，大部分学者仅考虑了直接显性债务的情况，也有学者涉及或有债务的内容，但存在考虑不完全等缺点；(3) 从资产负债的角度，通过对政府资产和债务规模对比分析得出风险状况。该评价方法可以避开指标选取不全面的弱点，但对于政府资产和债务规模对比分析的模型建立还有待进一步研究，且资产和债务规模的数据可得性也可能成为研究中的障碍；(4) 从违约和逾期债务的角度，运用数理统计模型评价财政风险。这是一个较有新意的视角，不足之处在于对或有财政风险的评价仅提出了基本的数学模型，没有进行实证分析，且对于或有债务的违约和逾期债务的衡量有待进一步研究。另外，关于或有财政风险的量化和评估方面，还停留于方法的介绍和概述层面，由于或有债务的统计困难和数据不可得的原因，实证分析不够全面。本书将汲取以上四种评价方法的优点，争取在评价方法上有所创新。

三、研究思路、方法及创新与不足

(一) 研究思路与逻辑结构

本书以我国城市化的加速推进为切入点，沿着城市化的两个特征——城市空间规模的外延扩张和全社会公共服务需求的提高，结合我国土地制度的发展路径与财政体制的特点，探讨城市化和地方财政风险形成的关系，并对相关地方财政风险进行评价和分析，最后提出治理与防范城市化进程中地方财政风险的政策建议。本书主要围绕以下章节展开。

第一章，通过对财政风险相关理论与实践的梳理和总结，进行理论的铺垫和基本原理的阐述。首先，根据现有研究对财政风险的内涵特征、分类和基本形式进行了总结；其次，从内生性因素和外生性因素两个角度，对财政风险生成机理的相关理论与实践进行了梳理和分析。

第二章，从我国城市化和地方政府及财政的关联分析入手，探讨我国城市化进程中地方财政风险的形成路径。第一，介绍城市化的内涵特征与发展规律，进而落脚到我国城市化发展现状和特征分析；第二，沿着城市化的第一个特征——城市空间规模的外延扩张，通过分析地方政府在我国土地制度发展与变迁中所扮演的角色，探讨城市化空间规模外延扩张中地方财政风险的形成路径；第三，沿着城市化的第二个特征——全社会公共服务需求的大幅提高，通过分析我国公共服务供给体制和财政体制的主要特点，进一步探讨城市化公共服务需求提高背景下地方财政风险的形成路径。最终梳理出：在我国现行的土地制度、财政体制以及公共服务供给机制的框架下，城市化进程的加速推进，进一步促进了地方“土地财政”的发展以及地方投融资行为的不规范，为地方财政风险埋下隐患。

第三章，地方“土地财政”的财政风险分析。从征地、拆迁可能引发的财政风险和地方财政依靠土地为主要收入来源可能存在的风险隐患两方面，对地方“土地财政”的财政风险进行讨论。首先在分析了被征地、拆迁农民生活及保障现状的基础上，从地方财政为弥补失地农民福利差异和完善城市基本公共服务两个方面进行成本估算，评估失地农民可能造成的财政困境及压力。其次，在分析目前地方财政对土地出让收入具有较强依赖程度的基础上，从土地价格的波动性以及土地资源有限性两个方面，评价了依靠土地为主要收入来源的地方财政风险。

第四章，地方政府投融资行为的财政风险分析。首先分析了地方政府投融资平台的运作模式和制度缺陷，对投融资平台本身的抗风险能力进行评估。其次，在对地方政府投融资平台有一个清楚认识的基础上，分别从地方政府性债务的可持续性及风险评估、平台可能形成的金融风险及与财政风险的联动传导两个方面，对地方政府投融资平台可能引发的地方财政风险进行分析。

第五章，从土地制度、财政体制以及地方债务管理三个角度，提出防范和治理城市化进程中地方财政风险的政策建议。一是从明晰农村土地资产产权和推进农村集体土地直接入市转让两个方面，提出我国土地资本化应由“政府主导”向“市场主导”转变；二是提出应逐步推进中央与地方财政关系的改革，改变地方在财政关系上的弱势地位；三是提出应从逐步推进地方“举债权”制度的改革和规范地方投融资平台发展两方面，对地方政府债务制度进行改革和完善。

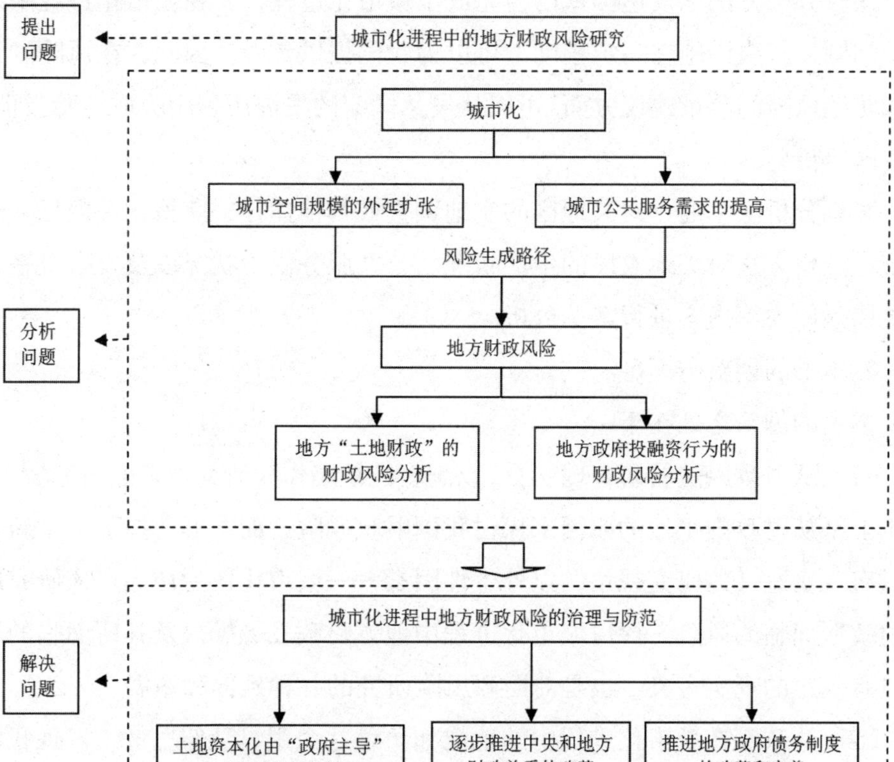

图 2 逻辑结构和技术路线图

（二）研究方法、创新与不足

1. 研究方法

本书使用的研究方法主要有：

定性分析与定量分析相结合：首先，本书在现有理论和文献的基础上，对财政风险的基本理论进行了归纳和梳理，并对关于城市化和财政风险的相关文献及研究进行了分析和评价，为之后的研究提供了理论分析基础。其次，对城市化进程中地方财政风险的形成路径等内容进行了定性的规范分析；同时，利用了大量我国城市化发展、经济发展和财政发展中的相关统计数据，以这些实际数据为依据对地方财政风险的评估进行了部分的定量分析。

比较分析方法：发达国家已经完成了城市化过程，其在城市化过程中遇到的问题、解决措施在一定程度上可以为我国提供参考。因此，在风险的评估和防范风险的政策建议方面，可以从发达国家的发展历程中吸取经验教训，为我国所借鉴。

案例分析法：通过对某地区的实地调查或其他途径，获得相关数据，运用统计分析方法对失地农民的生活状况、公共服务供给状况以及投融资平台的抗风险能力等内容进行案例分析。

2. 本书的创新与不足

本书的创新之处在于：

（1）从财政风险的研究现状看，以制度性缺陷作为研究视角的研究较多，基本上都从财政内生性的原因来探讨我国财政风险。而本书选择了一个新颖且具有现实意义的研究视角，以外生性因素——城市化作为切入点来研究地方财政所面临的风险。探讨城市化进程中地方财政发展模式及其所面临的风险具有一定的现实意义，也是对财政风险研究的一种延伸和拓展。

（2）从政府在城市化进程中的地位和角色这个逻辑延伸思考，发现我国城市化和政府，尤其是地方政府密切关联。由此，通过分析我国城市化和地方财政发展的关系，深入探讨了我国城市化进程中地方财政风险的形成路径，弥补了目前各学者对城市化进程中的财政相关问题研究不够系统的不足。

不足之处在于：

（1）由于数据的缺失或不可得，无法完成一些较为重要的定量分析。首先，失地农民的数量是根据现有研究推算出的数据，仅能体现全国的一个大体情况。因此无法详细评价全国各区域的失地农民带来的财政压力情况。其次，由于我国财政债务数据公开性低、统计不规范，涉及投融资平台的债务及金融部门的相关数据无法准确获得，限制了本书对投融资平台可能引发的风险的评价。

（2）在对地方财政风险整体性评价方面缺乏系统性，在今后的研究中，将进一步探索能系统性表达风险的评价方法和系统性指标体系的构建，包括显性和隐性、宏观和微观相结合，以此完善风险评价的整体性和系统性。

第一章

财政风险相关理论与实践

一、财政风险的基本概念及分类

（一）财政风险的内涵及特征

1. 财政风险的内涵

财政风险属于财政学与经济学研究领域，甚至可以延伸到社会学的交叉研究领域。虽然理论界对风险的系统性研究早在20世纪初就开始了，但是对财政风险的研究却于20世纪80–90年代以后才逐渐深入。无论从国外还是从国内来看，理论界对财政风险的研究还处于起步阶段。1998年亚洲金融危机爆发，我国在采取了积极的财政政策后，经济学界开始对财政风险问题高度关注。目前学术界对财政风险的界定大致有以下几种：

（1）广义财政风险和狭义财政风险

任何风险都是由一定的主体来承担的，从不同的主体身份出发，其所承担的风险内容是不同的。在界定广义财政风险和狭义财政风险前，首先要对政府的双重主体身份进行说明。在现代社会，政府（或国家）是个双重主体，既是一个经济主体，也是一个公共主体。作为经济主体，政府与企业、个人等经济主体在法律上处于平等的地位，拥有相应的权利与义务，它维护的是政府自身的公共产权。而政府作为公共主体时，便与既定制度框架下的政府职能及其政策目标紧密联系在一起。政府要承担的支出责任与义务，不仅包括法定的，也包括法律没有规定或认定、但社会公众认定的支出责任和义务。在这个层次，政府要做的就是承担公共风险，维护公共利益，要受公法的调节与约束[1]。

那么，当政府（国家）作为公共主体时，所面临的财政风险就可以定义为广义财政风险。广义财政风险不同于一般经济实体的风险，财政作为社会经济风险的最终承担者，来自于经济波动、利率变动、债务扩张等经济方面的风险以及来自于自然灾害、政治、社会不稳定等非经济方面的风险都将最终转化为财政风险，如政府发行公债、给企业融资提供担保以及金融机构坏账导致的金融风险转移到政府的风险等，这些风险与政府公共主体的职能密切相关，都属于广义的财政风险。广义的财政风险甚至等同于国家经济安全问题。由此可以看出，广义的财政风险属于公共风险，由于国家的双重主体属性决定了政府是为化解和规避公共风险而存在的。

与政府（国家）作为公共主体相对，当政府（国家）从经济主体身份出发时，所讨论的财政风险便可定义为狭义的财政风险，即指在既定的政府预算框架下执行预算过程中产生的风险。狭义上的财政风险，仅从财政自身角度来考察，是指政府资不抵债和无力偿付到期债务，不能维持机构正常运转的风险。狭义的财政风险通常使用财政赤字、直接负债指标来衡量。主要指标有《马斯特里赫特条约》规定的“欧元区”成员单位的财政健全标准，即财政赤字不能超过 GDP 的 3%，直接债务不能超过 GDP 的 60%[2]。

（2）内生性财政风险和外生性财政风险

从财政风险形成的原因来看，理论界对财政风险的定义有两种提法：一是在体制结构、制度因素的影响下，由于政府不适当的财政活动或行为给政府和财政本身，甚至是社会经济带来各种潜在危害的可能性；二是由于自然环境和社会环境的变化或差异，产生的各种不确定因素相互交织，综合影响到财政的正常运行、导致财政资源遭受破坏和损失的可能性。将两种提法进行比较可以看出，其主要区别在于财政风险的起源及诱发原因不同，前者的

[1] 刘尚希．财政风险：一个分析框架 [J]. 经济研究，2003(5).
[2] 侯荣华，葛建新．中国财政风险研究 [M]. 北京：中国计划出版社，2005.

诱发原因主要从政府、财政自身的、内部的因素进行考量，是特定行为主体的特定行动；后者的诱发原因主要从外部因素的影响进行分析，行为主体的控制对风险影响较小，主要的诱发因素来源于外部存在的、客观的不确定性因素。显然，前者的起源和诱发原因是行为主体自身决定的属于内生的，后者则是由外部因素决定的属于外生的。因此，根据财政风险的起源和诱发原因的不同，可将财政风险界定为内生性财政风险和外生性财政风险。

内生性财政风险是在制度因素和财政体制结构的影响下，如政府职能界定不清，包括政府与市场、中央政府与地方政府两方面；财政法制机制不健全以及财政管理制度和监督机制不完善等，导致的特定行为主体——政府、财政自发的特殊行为所引发的财政资源浪费和财政效率下降的风险。外生性财政风险是指来自于财政系统外部的各种因素，包括自然因素、社会因素、经济运行因素以及政治因素等导致财政运行困难、财政资源浪费和效率低下的风险。

2. 财政风险的特征

在弄清财政风险内涵的基础上，进一步分析财政风险的特征，有助于我们更全面地了解和研究财政风险。根据学界的各种说法，本书从综合角度、财政风险的公共属性角度以及我国社会特征和制度环境的角度，分别总结了财政风险的特征。

首先，综合看，财政风险本身具有以下特征：一是财政风险的来源广泛。财政风险来源包括自然因素、政治因素和经济因素。自然灾害及战争引起的损失、政府的活动和政治决策不当导致的政局不稳或国际交往中的不和谐，制度缺陷和管理不当引起的国有企业亏损、金融问题等风险，以及各种社会体制改革的成本，都会通过某种特定的形式转嫁给财政，形成财政风险。财政风险的形成是各种社会、政治、经济矛盾的综合反映。二是财政风险具有较强的隐蔽性和潜伏性。我国财政层级分为中央、省、市、县以及乡（镇）五级，财政层级较多，体系较为庞大，财政问题和困难分散在各个不同的层级，具有较强的隐蔽性；潜伏性主要是针对政府通过财政政策实行宏观调控而言的，例如，当经济出现萧条时，政府通过增加政府投资、减税的财政政策刺激经济增长，在政策运用不当或过度的情况下，有可能破坏财政的正常运行[1]。因此,在政策的背后潜伏着财政风险。另外,政府大规模的举债行为,是对未来税收提前预支的行为，虽然不会引发当期的财政风险，但极有可能转化为远期的财政风险。三是财政风险具有长期性和间接性。由于财政风险具有隐蔽性和潜伏性，也就意味着财政风险从形成到发展，直至最终的爆发，将经历一个较长的过程，因此，财政风险具有长期性的特征。由于财政风险在短期内不会显现，导致了在短期内的政府行为和行为所带来的结果在时间上不匹配，因此无法有效约束政府短期行为，造成了政府官员短期内追求政绩，以社会未来的利益为代价等问题。另外，财政风险的长期性还表现在对人们经济生活的影响方面，即财政风险对经济社会的负面影响短期内难以克服，具有一定的持续性；间接性主要表现在财政风险往往不直接表现在政府财政领域，而是反映在其他经济领域并通过各种方式传导到政府财政领域，如表现在银行的坏账问题、国有企业严重亏损以及不良资产等。

其次，从财政风险的公共属性角度出发，具有以下特征：一是在既定的制度框架内，财政风险不能被转移，也不能被分散。一个社会只有一个行使公共权力的公共主体,尽管这个公共主体由若干不同层级的机构和组织构成。一个国家,只有一个中央政府,这是世界通例。如果说财政风险能转移和分散,那也只能是转移给其他的国家。因此，在一个国家之内，即在既定的制度框架内，为化解公共风险而产生的财政风险无法再转移给其他的社会主体，即使暂时转移给了其他的经济主体，如金融机构、企业、个人，但最终都会回归到政府自身。当然，这是相对于公共主体不会破产而言的。二是财政风险是社会公众的共同风险。财政资源是社会公众共有的资源，当风险对社会公众的经济生活产生影响时，财政作为社会公众共有资源的保管者和支配者，必然承担起消除影响、防范和化解公共风险的责任，因此，财政风险具有了公共属性，它不仅关系到财政部门内部的稳定运行，同时也涉及每一位公民的切身利益，甚至关系到政权巩固和社会安定，是整个国家、政府和人民的风险。

最后，从我国的社会特征和制度环境的角度看，财政风险还具有分散性

[1] 王金龙等．财政风险与金融风险 [M]. 北京：中国财政经济出版社，2004.

和非均衡性的特征。从纵向看，由于财政体制不健全，中央政府与地方政府的财力与事权划分不清晰，财力的过度向上集中和事权的层层下移，导致了我国地方财政的支出责任远远超过了其收入能力，出现财政收支矛盾，并伴随着可调控财力较少、保障能力较弱、基础设施欠账等风险。由此，地方财政风险发生的可能性远远大于中央财政风险，其中，省、市、县、乡（镇）四级财政风险中，县、乡（镇）两级财政困境尤其突出，财政风险发生的可能性相对较大。从横向看，由于全国各地区经济发展水平存在较大差异，导致各区域财政风险程度也有较大差别，经济欠发达区域，如西部地区的财政风险明显高于经济发达区域，如东部沿海地区。经济环境是保证税源稳定和税收增长的重要前提，因此，中西部地区经济发展长期处于相对滞后的状态导致了其财政运行状况不佳，财政收不抵支，赤字突出等财政问题。

（二）财政风险的分类与基本形式

根据财政风险的特征属性和归属情况，本书分别从三个不同的角度将财政风险进行分类，组成一个较完整的财政风险体系，如图 1–1。

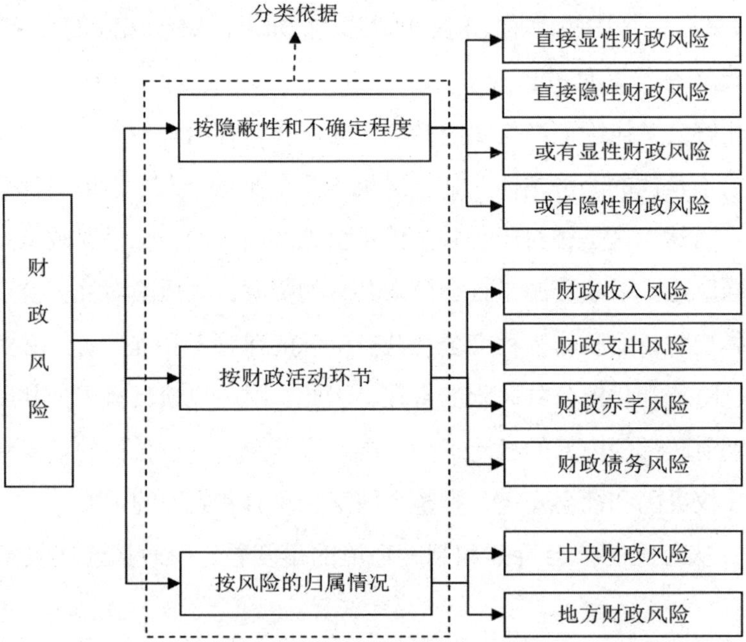

图 1–1 财政风险分类体系图

1. 按风险的隐蔽性和不确定程度分类

谈到财政风险的分类问题，就不得不说世界银行的高级经济学家 Hana Polackova Brixi 提出的财政风险矩阵[1]。她根据风险的隐蔽性和不确定性的程度，提出了“隐性债务”和“或有债务”两个概念，将财政风险分为直接显性、直接隐性、或有显性和或有隐性四种类型。具体如表 1–1。

直接显性、直接隐性、或有显性以及或有隐性财政风险来源于直接显性、直接隐性、或有显性以及或有隐性负债。从表中可以看出，直接显性债务是指受到法律或合同约束，无论形势如何发展，在任何条件下政府必须承担的债务。直接隐性债务是指在任何条件下政府一定会支出，但又没有以立法、条约、合同形式记载下来的政府开支项目。或有显性债务是指政府公开承诺、担保（有的以某种政策的形式）形成的债务，这类债务有法律保护或合同确认，但不一定会发生。或有隐性债务是指政府没有承诺和担保的负债事项，这类事项的发生具有不确定性，虽然没有合同证明和法律约束，但一旦出现，政府作为公共主体为了保护公共利益会承担责任。

表 1–1　财政风险矩阵

财政风险	直接的（在任何条件下都要履行的债务）	或有的（特定事件发生时才发生的债务）
显性的（由法律或合同确认的债务）	1. 国家债务（中央政府借款和发行的债务） 2. 预算法涵盖的开支（非随意性支出） 3. 法律规定的长期性支出（公务员工资和养老金）	1. 国家对非主权借款、地方政府、公共部门和私人部门实体（发行银行）的债务担保 2. 国家对各种贷款（抵押贷款、学生贷款、农业贷款和小企业贷款）的保护性担保 3. 国家对贸易和汇率的承诺担保 4. 国家对私人投资的担保 5. 国家保险体系（存款保险、私人养老基金收入、农作物保险、洪灾保险、战争风险保险）

[1] Hana Polackova Brixi. Government Contingent Liabilities: A hidden Risk to Fiscal Stability [J]. Working paper of the World Bank, 1998.

（续表1-1）

财政风险	直接的（在任何条件下都要履行的债务）	或有的（特定事件发生时才发生的债务）
隐性的（政府迫于公众和利益集团的压力而承担的道义债务）	1. 未来公共养老金 2. 社会保障计划 3. 未来保健融资计划（没有法律做出硬性规定） 4. 公共投资项目的未来日常维护成本和追加支出	1. 地方政府或公共实体、私营实体非担保债务（义务）的违约 2. 银行破产（超出政府保险以外的救助） 3. 实行私有化的实体债务的清偿 4. 非担保养老基金、就业基金、社会保障基金（对小投资者的保护）的破产 5. 中央银行可能的负净值或对所承担义务（外汇合约、货币保护、国际收支差额）不能履行 6. 其他紧急财政援助（如在私人资本外逃的情况下） 7. 改善环境、灾害救济、军事拨款

资料来源：刘尚希．公共债务的分析与计量 [J]. 财政与发展，2005（12）

2. 按财政活动的具体环节分类

我国学者在研究财政风险时，一般根据财政风险的具体表现，按照财政活动环节，将财政风险分为财政收入风险、支出风险、赤字风险、债务风险四类。财政收入风险是指财政收入达不到预期目标的可能性，具体体现在规模风险和结构风险两方面[1]。规模风险主要表现在可控财力不足，主要收入来源缺乏稳定的增长机制；结构风险一方面是指税制结构不协调，税收收入与非税收入的比例不尽合理，预算外资金膨胀，增长过快、过猛势头未得到有效控制等。另一方面是指财政收入结构与经济结构、国民收入分配结构不相适应所导致的风险。

财政支出风险是指财政资金不能满足政府需求或达不到预期目标的可能性，包括财政支出规模风险、结构风险以及效率风险。财政支出规模风险包含两个方面，一方面，由于刚性支出的规模越来越大，财政为了保证政府机构的正常运转而加重的财政负担。另一方面，为促进经济和社会的稳定与发

[1] 吴垠．包含制度因子的财政风险分析框架 [D]. 西南大学，2006.

展，财政在宏观调控中承担的改革成本必然使支出规模扩大。财政支出结构风险是指由于财政支出结构的不合理导致的风险。主要表现为由于政府职能界定不清，政府与市场没有明确的分界线，在本应由市场负责的部分，即准公共品和非公共品的供给方面，政府超越了自身的职能范围，表现出管得过多的特征，导致财政过多地承担了本应由市场承担的支出，进而无法保障财政应当承担的支出责任的财力充足，诸如民生方面、环境保护投入明显偏低；财政支出效率风险是指财政支出缺乏效率，一是资金的严重浪费，二是表现为投资乘数偏小。

财政赤字风险是指经常性的、长期的、规模不断扩大的财政赤字带来的不良后果超过了财政自身承受能力的可能性。我国现阶段的赤字风险主要表现为中央财政和县、乡（镇）财政显性赤字数额大、持续时间长以及隐性赤字严重两方面。

财政债务风险是指公债发行受阻或政府不能支付到期债务的可能性。目前我国学者对债务风险的研究主要集中于显性直接债务。

3. 按风险的归属情况（不同的预算层级）分类

根据财政风险在预算体制各层级上的表现划分，财政风险可分为中央财政风险和地方财政风险。中央财政风险主要表现为债务风险，以国债为主。另外，由于我国不存在地方政府破产机制，地方政府财政风险将成为中央财政的或有风险；目前，从显性角度看，地方财政风险主要表现为县乡财政收支矛盾加剧，财政赤字的扩大，由于政府担保等引起的地方债务不堪重负，尤其是显性或有债务。另外，由于金融危机、城市化进程的推进和土地制度的不完善等外部因素的冲击，产生了大量的银行贷款，存在金融风险的隐患，而这些将成为地方隐性或有财政风险的主要组成部分。

二、财政风险生成机理的理论与实践

在上一章节探讨财政风险内涵时谈到，财政风险的发生有两种起源和因素，一种是由于行为主体本身的活动和系统内部的因素，另一种是不受行为主体控制的、外部的各种可能引发风险的不利因素。由此，本书将从内生性和外生性两个角度，结合相关的财政理论探讨财政风险的生成机理。

（一）内生性生成机理的相关理论分析

1. 基于公共选择理论的政府行为偏差

公共选择理论（public choice theory）是以古典经济学理性经济人的基本假设、原理和方法作为分析工具，研究和探讨政治领域的行为主体以及政治市场的运行[1]。公共选择理论认为，政府活动的结果未必能矫正市场失灵，政府活动本身也许存在问题，甚至造成更大的资源浪费。

（1）政治市场上行为主体动机和缺乏竞争导致的政府规模扩张及预算最大化

公共选择理论认为，政府只是一个抽象的概念，在现实中，政府是由政府中的政治家和官员组成的。如果将亚当・斯密的经济人范式用于人们的政治活动中，那么，个人参与政治活动的目的也是追求个人利益最大化。因此，追求利益最大化成为政治家的基本行为动机。政治家的效用函数中包括的变量有权利、地位、名声以及威望等。虽然增进公共利益也可能是政治家目标函数中的一个变量，但不是首要变量或权数最大的变量。因此，政治家在追求个人目标时，未必符合公共利益或社会目标，而是竭力利用他们对有关信息的垄断权以及政治家之间的合作，使政策议案尽可能体现他们自身的利益。

另外，公共选择理论还认为，由于政府公共物品供给的非市场化机制，政府机构的运转表现出缺乏竞争、缺乏激励等特征。一方面，在政府工作人员中，大部分官员和一般工作人员是逐级任命和招聘的，一旦进入工作岗位，由于没有竞争压力，这些官员基本采取“无为而治”和“避免错误或失误”的为官之道；另外，各部门之间也缺乏竞争。由于各部门提供的都是特定的公共服务，不仅无法直接评估政府各部门内部的行为效率，也不能评价各部门间的运行效率，更难以设计出促使各部门展开竞争、提高效率的机制。另一方面，从主观来看，政府各部门对其所提供的服务一般具有绝对的垄断性，

[1] 郭庆旺，赵志耘 . 财政理论与政策 [M]. 北京：经济科学出版社，2003.

正因为有这种垄断地位，也就缺失了提高公共服务质量的机制。此外，由于政府部门提供的服务比较复杂，他们可以利用所处的垄断地位隐瞒其活动的真实成本信息，使社会公众无法评价其运行效率，也难以对其进行充分的监督和制约；从客观来看，由于政府部门的活动大多不计成本，即使计算成本，也很难做到准确，再加上政府部门具有内在的不断扩张的冲动，往往出现公共物品的过度供给，造成社会资源的浪费。

基于以上公共选择理论的相关论述，尼斯坎南建立了垄断官僚经济理论。首先，尼斯坎南认为政府官员作为部门机构的掌权者，在追求个人利益的同时，也会尽其所能地扩大所属部门的权力，使部门利益最大化。由于政府部门对公共资源的保管权和决策权实际上掌握在其代理人——政府官员手中，因此，在政府公共预算的拟定过程中，官员在个人和部门利益最大化的驱使下，往往使预算成本超出实际所需成本，从而导致了由于政府行为偏差引起的预算最大化结果。其次，在缺乏市场竞争压力的情况下，一方面不能有效保证公共物品的质量，另一方面政府缺乏节约公共产品供给成本的积极性。此外，由于社会公众无从了解公共产品的投入与最终产出之间的关系，这种信息不对称使外部公众和社会无法对其进行有效监督[1]。那么扩大政府规模、增加预算就成为其必然选择。以下对部门预算最大化模型进行简单介绍。

假设预算部门通过预算获得的收益函数为：

$$B = B(Q), B' > 0, B'' > 0$$

由预算部门提供的公共服务的生产函数为：

$$C = C(Q), C' > 0, C'' > 0$$

假设 B 和 C 都是二次式，则 B' 和 C' 都是直线。

在预算数要能弥补预算部门提供的公共服务成本这一约束条件下，预算部门的目标函数是：

[1] Niskanen W.A.. Bureaucracy and Representative Government [M]. Chicago: Aldine, Atherton, 1971.

$$O_B = B(Q) + \lambda\left[B(Q) - C(Q)\right]$$

其一阶条件产生：

$$B'(Q) = \frac{\lambda}{1+\lambda} C'(Q)$$

由此可知：$B(Q) = C(Q)$

λ为拉格朗日乘数。当预算给官员带来的边际收益等于边际成本时，预算资金最有效率，因此有：

$$B'(Q) = C'(Q)$$

如图 1–2 所示，B' 和 C' 的交点决定的公共产品产量 Q_0 对政府财政而言是最佳的产量，而拉格朗日乘数 λ 表示约束部门机构预算扩大的边际效用，为正值。因此预算部门在进行选择是往往是 $B' < C'$，则预算产出量会扩大到 Q_0 点的右边。当部门设定与 Q_* 的产出量相一致的预算时，就获得了超额预算带来的更大效用：$[C'(Q) - B'(Q)](Q_* - Q_0)$。即政府部门成本收益模型图中的三角形 F，部门从预算安排中获得的利益是以公共福利的损失为代价。因此，预算单位在追求预算最大化时，不会考虑在预算效率最大化的条件下提供公共物品。在财政收入不可能无限增长的情况下，政府追求预算最大化一般只能通过发行债务的方式实现，导致过度发债进而引发财政风险。

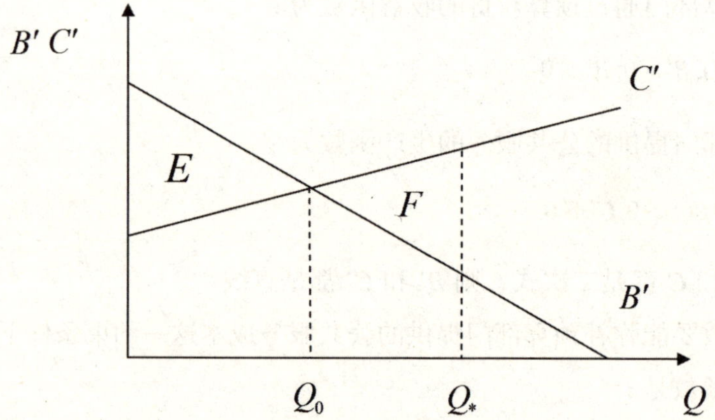

图 1–2　政府部门成本收益模型

（2）利益集团的存在导致政府决策无效率

利益集团（interest group）又称压力集团（pressure group），通常是指那些有某种共同的目标并试图对公共政策施加影响的个人的、有组织的实体。在许多情况下，政府政策就是在许多强大的利益集团的相互作用下做出的。而这些利益集团，特别是还可能拥有不正当政治权势的利益集团，通过竞选捐款、院外游说、直接贿赂等手段，对政治家产生影响，左右政府的议案和选民的投票行为，从而使政府做出不利于公众的决策。

利益集团的行为通常可能导致整个社会的经济效益、人均收入水平下降，经济增长率降低。任何集团或组织通常都是通过以下两条途径为其成员谋取福利：一是使全社会的生产增加，从而使其成员按原有份额争取更多的产品；二是在原有的总产量内为其成员争取更大的份额。一般来说，利益集团很少选择前一种途径，更多的是选择后一种，由此会导致社会经济效率和总产出下降；同时，利益集团对既定的国民收入份额的争夺，一方面加剧了各种利益集团之间的矛盾，另一方面必然导致公民权益的受损和社会资源分配的不公，从而引起政局的多变和社会的不稳定。由此存在的社会风险和经济风险隐患也将是财政风险爆发的隐藏因素。

2. 财政收入的有限性和财政支出增长刚性

（1）财政收入的有限性分析

财政收入的主要来源在于税收，税收的稳定和适度是政府支出的稳定财力保障。由于税收收入 = 税源 × 税率，所以税源和税率是决定税收收入的两个关键因素。根据拉弗曲线（Laffer Curve）：在一定限度内，税收收入将随税率的提高而增加，但是当税率超过了这个限度，继续提高税率，税收收入不仅不能增加，反而会减少，如图 1-3。

从图中可知，当税率从 r_1 增长到 r_0 时，税收收入从 $R_{1,2}$ 增长到 R_0，而当税率从 r_0 再次增长到 r_2 时，税收收入反而从 R_0 减少到 $R_{1,2}$，可知当 $r_0=n$ 时，为税率的最大限度，也是最佳限度，此时的税收收入达到了最大。

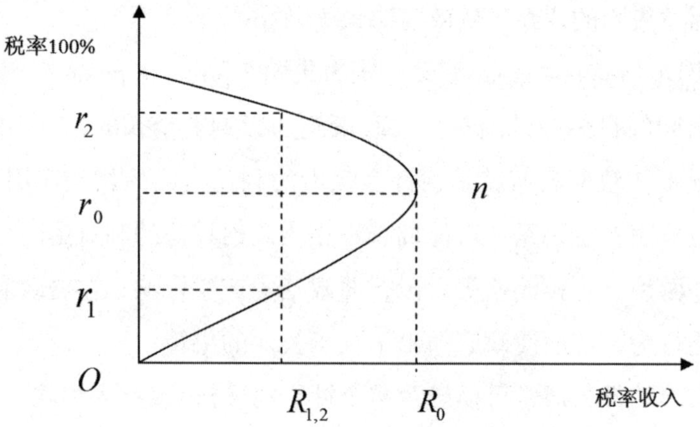

图 1-3　拉弗曲线：税率与税收收入的关系

拉弗曲线说明了税率有一个适当限度，只有保持在适当限度上财政收入才能达到最大化。税率过低表示政府从社会汲取的资源不足，而当税率过高时，虽然汲取社会资源的比率很高，但由于可能导致经济的下滑，将引起可汲取的资源下降或偏低。因此，要保证财政收入的最优化，税率就不可能无限提高[1]。在税率不能无限提高的前提下，增加财政收入只有通过开辟新的税源的途径。税源和一国的经济社会发展水平密切相关，其形成无法跳出经济发展阶段，因此，税源的开辟是有限的。同时，税收体制因素造成的税源税收背离也是造成政府收入有限增长的原因。

（2）财政支出增长刚性的分析——政府活动扩张论

早在 19 世纪，德国经济学家阿道夫·瓦格纳（Adolf Wagner）在对许多国家公共支出进行实证分析的基础上，发现一国工业化经济的发展与本国财政支出之间存在着一种函数关系，随着经济的发展和国家职能的扩大，对社会进步的政治压力的增大使得政府公共支出必定比产出以更快的速度增长，即当国民收入增长时，财政支出会以更大比例增长[2]。这就是财政支出方面的重要理论——瓦格纳法则。

[1] 郭庆旺，赵志耘．财政理论与政策 [M]. 北京：经济科学出版社，2003.

[2] 郭庆旺，赵志耘．财政理论与政策 [M]. 北京：经济科学出版社，2003.

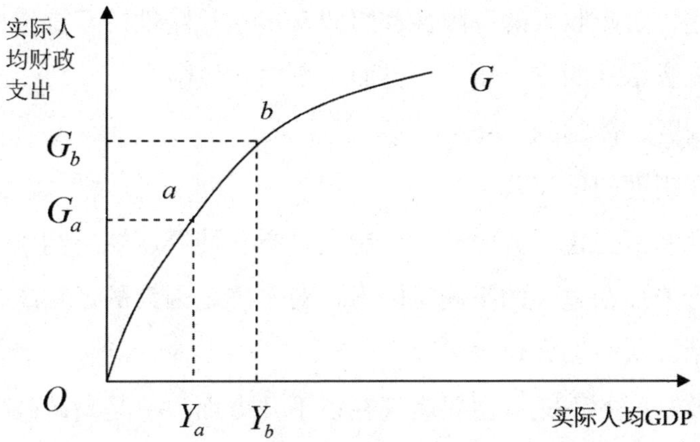

图 1–4　瓦格纳法则

从图 1–4 所示的函数关系，可以看出，第一，随着时间的推移，一国工业化经济的发展、人均收入的增加使得财政支出比率 G/Y 必然上升；第二，财政支出的收入弹性，即财政支出增长率与 GDP 增长率的百分比大于 1，表明随着人均 GDP 的提高，财政支出的增长速度快于 GDP 的增长速度。因此，瓦格纳认为，随着工业化和经济增长、人均收入的增加，导致了政府活动的扩张，最终使财政支出的比率提高。

从公共产品需求的角度来分析，根据马斯洛需要层次理论，人们在满足了生理需求（如空气、水、吃饭、穿衣、性欲、住宅等）之后，就会有更高层次的需求，如安全需求（劳动安全、职业安全、生活稳定、希望免于灾难、希望未来有保障等）、社交需求、尊重需求等。随着社会的发展，在满足了基本需求后，公民的民主意识逐步提高，参与政治生活的意愿与实际参与水平也日益增加，必然会要求政府提供更多、更好的公共服务。马斯格雷夫和罗斯托也认为，在经济发展的早期阶段，政府公共支出增长较快，以基础设施为主的公共投资在社会总投资中占主要份额；在经济发展中期，由于私人投资的介入，公共投资比例会有所下降；但到了经济发展成熟阶段，公共投资主要从基础设施领域转移到教育、医疗和服务等民生方面的支出，尤其大规模用于福利再分配方面，并且将会占据 GNP 的较大份额 [1]。

[1] 马斯格雷夫 . 财政理论与实践 [M]. 北京：中国财政经济出版社，2003.

综上所述，财政收入的有限性和财政支出增长刚性的双重作用有可能导致财政出现无法承受的支出压力，进而引发财政风险。

3. 财政制度、体制的不完善

（1）财政制度的不完善

财政制度的不完善一方面会产生制度真空，使制度缺乏约束力；另一方面，制度运行中存在过多的不确定因素，对不确定因素的影响缺少必要的调整和稳定机制，从而加大财政风险。

我国财政制度的不完善主要表现在以下几方面。一是财政收入制度的不完善。税收制度的不完善一方面导致税收流失严重，另一方面导致非税收入和预算外资金超常增长，使得财力分散，分配秩序、经济秩序出现混乱。二是财政支出制度不完善。在财政支出方面，缺乏有效的制度安排，存在支出结构不合理、效率低等问题；三是转移支付制度不完善。目前的转移支付主要以税收返还的形式为主，未能体现出转移支付均等化的功能，不利于均衡地区间的财力差异，缺乏统一的、完整的、严密的转移支付制度。

（2）财政体制的不健全

现行财政体制尚不规范，事权、财权范围的界定模糊，支出缺乏有效的制度约束。1994 年分税制后，一方面财权不断向中央集中，事权逐级向基层下放，造成财力纵向不平衡。地方财政支出责任过重，财力不足，收支缺口较大。另一方面，事权划分相对滞后，各级政府的事权划分不明晰，虽然宪法对中央与地方政府事权作了原则性规定，但是在管理权限上并不具体，操作上主观随意性较强。地方政府财力与事权的不对称，为地方财政风险埋下了隐患。

另外，财政部门在理财过程中管理和监管的不到位也会给财政的正常运行带来负面效应。主要表现在预算管理办法存在缺陷；预算编制、执行和使用没有形成合理有效的制约机制；财政收入管理松散；财政支出管理法制化水平低；债务管理混乱等。

（二）外生性生成机理的理论与实践

财政风险的外在影响因素主要是指社会、经济环境以及发展阶段的改变。在社会动荡时期，私人部门无法解决战争、饥荒、经济危机等所造成的种种社会经济问题，只有政府，即公共部门采取行动才能缓解这些灾难对社会、经济的消极影响。因此无疑造成财政支出压力，在财政收入稳定且有限增长的情况下，有可能引发财政风险。

1. 社会重大变故

财政作为社会经济风险的最终承担者，生态环境恶化、自然灾害、战争等社会重大事件的发生，都有可能最终转化为财政风险。当较严重的自然灾害发生时，自然灾害救助的公共性和公益性特点使国家财政成为了救助的主要承担者，特别是突发性特大灾害发生后，只有国家才能最有效地组织调动大量的人力、物力、财力，有组织、有计划地实施救助。显然，突发性的、急性的特大灾难将涉及大规模的财政支出，有可能导致财政支出困境。另外，诸如战争等社会重大事故的发生，同样会产生突然的、大规模的财政支出需求，由于财政收入是稳定有限增长的，社会重大事故的发生将会引发财政风险。

2. 经济形势和社会环境的改变

经济与财政的关系如同源与水、根与叶，因此，经济形势的好坏是导致财政风险的一个极其重要的外部因素。经济波动影响财政风险表现在以下几个方面：第一，经济形势的景气度影响财政投资效益；第二，企业经济效益的变化影响财政收入预算的完成；第三，居民收入水平影响财政收入和财政支出规模；第四，汇率的波动影响外债偿还能力。经济衰退时，一方面，企业和居民收入水平降低或增长缓慢导致了税收可汲取资源的缩减和不稳定，从而使以税收为主的财政收入随之减少；另一方面，政府为了刺激经济复苏，不得不采取扩张性财政政策，导致财政支出规模的扩大、结构失调。由此带来的赤字扩大、债务攀升为财政风险的发生埋下了隐患。经济状况对地方财政风险的影响尤为明显。基础条件差、科技水平低、产业结构不合理、经济发展缓慢、财源结构单一的地区，往往面临较大的财政风险。

社会环境的改变，将从不同方面或一定程度地改变公共部门提供公共服务的生产活动组合，而提供公共服务的生产活动组合的改变将决定着财政支出的范围和数量。以治安服务为例，假定治安服务现已达到均衡水平，用以提供这种治安水平的警察活动则取决于特定的环境。这种环境包括这一地区的钱财数量、罪犯捕获率、社会与人口的一般状况等。倘若这些因素当中的任何一种因素发生变化，那么，要继续提供这种治安水平，现有的警察活动也许就不够了。例如，该地区钱财数量增加了，这会吸引更多的犯罪，要想保持原先的治安水平，就需要投入更多的警力，从而使财政支出增加。同理，城市化加速推进导致的社会环境改变，将不同程度地影响公共部门提供公共服务的生产活动组合，不可避免地导致财政支出增加，成为了财政风险发生的社会背景之一。

3. 社会发展阶段

从历史的角度，人类社会的发展经历了原始社会、奴隶社会、封建社会、资本主义社会、社会主义社会；从经济发展的角度，罗斯托认为，每个社会都要经历传统社会阶段、准备起飞阶段、起飞阶段、走向成熟阶段、大众消费阶段、超越大众消费阶段。由于每个阶段的社会结构、形态以及人民意识的差异,财政在不同的阶段扮演着不同的角色,所具有的职能也各异。一方面，在原始社会，没有国家的概念，自然风险等公共风险只能通过私人抵抗或私人自留的方式规避，没有财政掌握公共资源的概念，也就没有财政风险的发生。随着国家的形成，政府的产生赋予了财政化解公共风险的职能，这时便有了财政风险发生的可能性。另一方面，由于经济起飞的阶段和成熟阶段对公共产品和服务的需求是不同的，所以给财政带来的公共资源配置的压力也是有差别的。由此可知，社会发展阶段对财政风险的形成有着客观的、固有的影响。

我国正在经历城市化进程加速推进的阶段，城市化所带来的土地扩张、新移民对多元化公共服务需求的提高，无疑给财政带来了新的问题与挑战，成为了财政风险形成的外部因素之一。

三、小结

本章对财政风险的相关理论进行了梳理和总结。首先，对财政风险的内涵特征以及分类进行了总结；其次从内生性因素和外生性因素两个角度对财政风险生成机理的相关理论进行了梳理和分析。我们认为，随着经济的发展，社会的变迁，如全球性金融危机、我国城市化进程的加速推进等外部因素的冲击下，财政风险的表现形式越来越多样化，财政危机发生的可能性也越来越大，政府作为公共主体所承担的职责也就越重，因此，我们在研究财政风险时，需要考虑以下几点。一是既不能脱离“风险”这个概念，又不能简单按照风险概念来推导财政风险的内涵，要将财政风险与一般风险区分清楚；二是既不能脱离财政，又不能完全局限于财政，要以政府的双重主体假定和财政的双重身份为出发点，加强财政风险研究的完整性和严密性；三是要紧密结合我国转型期经济、社会发展状态及财政现状，根据财政风险的不同性质来区分财政风险的一般性和特殊性。本书将主要从政府的公共主体角色出发，从广义的角度，将影响财政风险的内生性因素——体制原因、政府自身的行为活动等，和外部因素——我国城市化进程的加速推进相结合，进行财政风险的相关问题研究。

第二章

我国城市化进程中地方财政风险的形成路径

一、城市化及我国城市化现状

（一）城市化的内涵和特征

城市化是当今世界上重要的社会、经济现象之一，该现象与地区经济发展水平相联系，是一个内涵极为丰富的社会、经济和空间变化过程。城市化一词来源于英语 Urbanization，该词最早出现在 1867 年西班牙工程师 A.Serda 的著作《城市化基本原理》中，至今已有 100 多年的历史。随着 18 世纪中叶英国产业革命的爆发以及工业化的兴起和发展，世界城市化的进程迅速加快。

由于城市化过程的复杂性和城市化研究的多学科交叉性，不同学科分别从各自的角度，对城市化的概念进行了不同的定义。日本著名地理学家山鹿城次等从地理学的角度提出，城市是地域上各种活动的中枢，认为城市化是一个地域空间的转变过程，包括由于社会生产力的发展而引起的农村居民点形式向城镇居民点形式转化、农业人口向城镇人口转变的全过程，并强调城乡经济和人文关系的变化。美国学者赫茨勒（J.H.Hertzler）、威尔逊等从人口学的角度，主要通过观察城市人口数量的增加变化情况、城市人口规模的分布变化及其变动过程等，认为城市化是农村人口转变为城市人口的过程。

美国著名社会学家路易斯·沃思（Louis Wirth）、索罗金等从社会学的角度认为，人们在由农村向城市迁移的过程中，其行为方式和生活方式也发生转变并引起各种社会后果，这种行为方式的转变及引起的社会后果称为城市化。美国著名经济学家西蒙·史密斯·库兹涅茨（Simon Smith Kuznets）、科林·克拉克（Colin Clack）等从经济学的角度提出，城市化是指不同等级地区经济结构转换的过程，即农业活动向非农业活动的转换，是通过资本流、劳力流的作用，由农村自然经济转化为城市社会化大生产的过程。

综合以上各学科对城市化的定义，基于城市化与财政风险的关联角度，本书提出城市化是人口（地域）城市化、社会发展城市化以及生活方式（观念）城市化三个层面的一个递进发展的、综合的、系统的过程，如图 2-1。

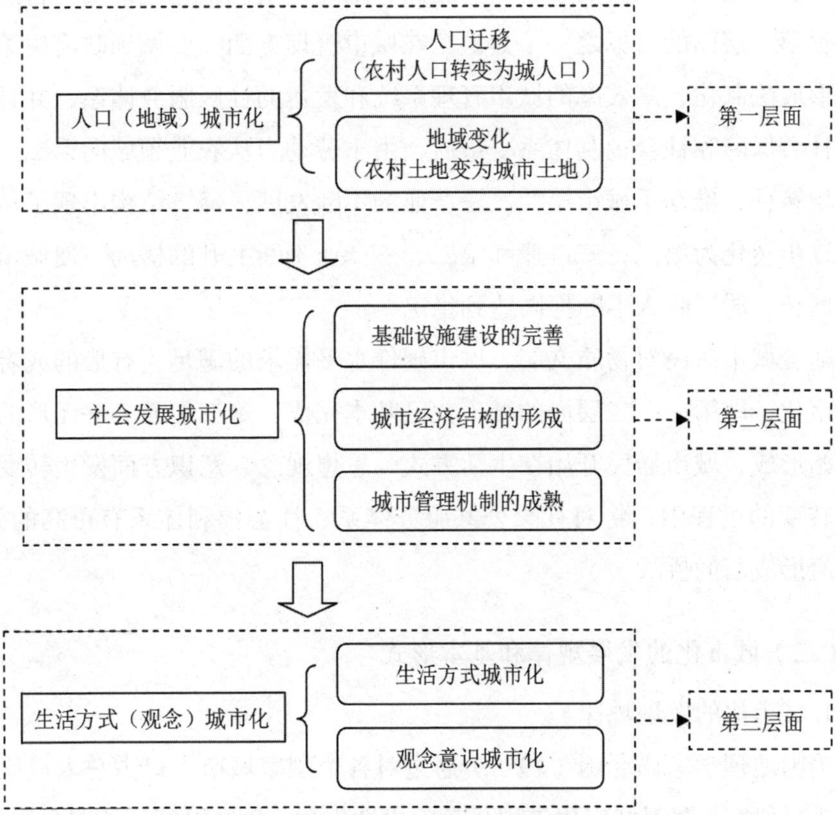

图 2-1　城市化概念演进系统图

本书将人口（地域）城市化定义为城市化的第一个层面。城市化首先表现为人口、地域的城市化，一方面是农村人口向城市人口转变以及城市人口的自身增长，核心是劳动力从农业领域向集中在城市及其周围的第二、三产业的转移，而不是非劳动力或失业人口向城市盲目集中；另一方面是由于人口的增多导致的城市的扩张，而城市扩张是依靠土地的扩张来完成，即农村土地转变为城市土地的过程，也可以认为是农村居民点向城市居民点转变的过程。

随着人口（地域）城市化的发展，已经形成的城市在其自身的演进过程中，开始追求物质文明、硬件设施水平的提高，于是开始出现第二层面的城市化——社会发展城市化。社会发展城市化主要包括基础设施建设的完善、城市管理机制的成熟以及城市经济发展的稳定。首先，由于城市人口的增加，对居民生活所必需的能源供应、道路交通、环保通信等物质基础条件和卫生、教育等公共服务设施的需求进一步提高，因此，基础设施建设的完善是城市化过程第二层面的目标之一；其次，在城市管理方面，要做到政府决策科学化，形成法制化、高效率的城市管理系统和发达的社区服务体系，并具备完善的社会保障和社会福利体系；最后，由于劳动力从农业领域向第二、三产业领域转移，推动了城市第二、三产业的不断发展，经济结构出现了从第一产业逐步转化为第二、三产业和第二、三产业不断上升的格局，使城市经济持续增长、居民收入不断提高达到稳定。

随着城市居民对物质文明、城市硬件水平需求的满足，有形的或者物质的城市化，即第一、二层面的城市化已基本完成，第三层面——无形的城市化开始形成，城市居民开始在生活方式、思想观念、意识方面发生转变。在这种转变的过程中，将对社会公共服务体系、社会福利体系有更高的要求，对政府形成新的挑战。

（二）城市化的发展规律和基本形式

1. 城市化的发展规律

美国地理学家诺瑟姆（1975）通过对各个国家城市人口占总人口比重的变化进行研究，发现城市化进程具有阶段性规律，全过程呈一条倒 S 型曲线，并将其划分为三个阶段，如图 2–2。

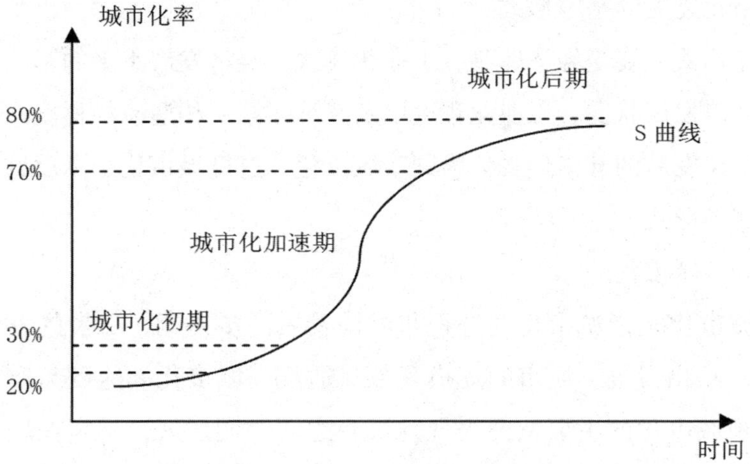

图 2-2　城市化过程的 S 型曲线

第一阶段是城市化的初期阶段，大体对应于前工业化时代，以劳动密集型家庭小生产为主，城市人口增长缓慢，城市化水平在 20%–30% 之间。

第二阶段为城市化加速期，大体对应于工业化时代，经济活动以企业化、集团化生产为主，工业活动集中性增强。城市化进程出现加快趋势，一直持续到城市化率超过 70% 后趋于平缓。

第三阶段是城市化后期，大体对应于后工业化时代，城市化进程停滞或略有下降趋势。出现人口流向中小城市、逆城市化、都市区、都市带等现象。产业结构以第三产业为主，交通及信息网络化程度提高，城市的主要功能逐渐由产品加工向信息处理和高端化服务过渡。

用数学模型表述为：

$$dY/dT = K(t)Y(1-Y)$$

其中 Y 为城市化水平，$K(t)$ 为 t 时刻的城乡人口增长率差。该模型表明，城市化的速度主要由三个因素决定：单纯来自现有城镇的拉力 Y、单纯的农村推力 $1-Y$ 和 $K(t)$。

实践表明，并不是任何国家的城市化水平在时间轴上都表现为一条光滑的倒 S 曲线，但大部分国家的数据基本上支持了这一结论。

2. 城市化发展的基本形式

城市化形式主要受经济体制、工业化模式和经济发展水平的影响。根据城市化与经济发展状况、工业化程度以及经济体制的相适应的程度，可将世界各国城市化发展的基本形式分为同步城市化、过度城市化、滞后城市化和逆城市化四种形式。

（1）同步城市化

同步城市化是指城市化的进程与经济发展同步协调，二者的发展呈正相关关系，互相促进，城市的规模和数量适度，城市化的速度与质量同步上升。同步城市化的主要特征表现为城乡之间协调发展，不存在城乡二元的社会结构。经济的发展促进了农业生产力的提高、工业以及服务业的集聚和扩大化发展，从而使农村人口迁移进城市，城市空间规模扩大、数量增加。同步城市化的城市内部结构合理，城市功能完善，城市化伴生的城市体系混乱、交通拥挤、城市基础设施落后、城市环境恶化等社会问题较少。

（2）过度城市化

过度城市化是指城市化进程与经济发展水平不相适应，超过了经济发展的承载能力，城市化的速度太快而不能保证城市化的质量。表现为在经济发展速度缓慢或经济发展水平较低的情况下，大量农村人口盲目向大城市迁移，农村人口迁移到城市的动力和影响因素并不是工业和服务业的集聚和发展，有可能出于国家制度的特殊性和政府行为的不合理等。过度城市化必然伴生大量的社会环境问题，诸如由于城市不能提供足够的就业机会以及必要的生活条件，迁移进城市的农村人口无法真正转变为市民，城市庞大但体系混乱，城市失业问题严重、城市基础设施落后、交通拥挤、环境恶化。有相当数量的发展中国家属于过度城市化，城市化率达到了发达国家的 70% 左右，但经济发展水平远远不如发达国家。

（3）滞后城市化

滞后城市化是指城市化水平落后于工业化水平和经济发展水平的城市化模式，是一种违背工业化和经济发展规律的城市化。由于制度的约束，国家通过违背经济发展规律的行政性手段限制城市化的发展，使城市人口的实际增长速度低于工业生产发展所需要的人口增长速度，造成了大量的剩余农村劳动力没有出路。滞后城市化的主要特征是城市的聚集效应和规模效应得不到充分发挥，进一步拖曳了经济发展，致使整个社会的经济发展效率低下，出现工业发展分散化、农业发展副业化等现象。

（4）逆城市化

逆城市化即广域城市化，是指城市市区人口向城市郊区迁移、大城市外围的城镇布局分散化的城市化模式。逆城市化不是城市的衰退，而是城市发展的高级阶段，是城市有机疏散、城市一体化的表现形式。其形成的原因为城市化后期交通拥挤、污染严重、生活居住环境恶化等城市问题的压力增大，城市人口、制造业、商业服务业开始向郊区转移，并在郊区形成一个新的经济增长中心。逆城市化的倾向主要发生在 20 世纪 50–70 年代城市化水平很高的发达国家。

（三）我国城市化发展现状和特征

1. 我国城市化的发展历程

我国城市化发展与我国政治经济发展关系极为密切。1949 年新中国成立以来，我国实行社会主义计划经济体制，由于计划经济对微观经济活动与复杂多变的社会需求之间的矛盾难以发挥有效的调节作用，以及难以合理地调节经济主体之间的经济利益关系，在计划经济后期，我国出现了生产积极性下降、经济发展迟缓等现象。1978 年，我国实现了由计划经济向社会主义市场经济的根本性转变，社会主义市场经济体制框架初步建立，经济社会实现跨越式发展。经济体制变化与经济发展决定了我国城市化的发展历程，同时，改革开放前的“大跃进”、“文化大革命”等重大事件的发生，也影响着我国城市化进程的发展。从城市化率的变化可以看出，我国城市化发展大概有以下几个阶段。

第一阶段为 1949 年至 1957 年。该阶段是我国城市化起步发展时期。新中国成立初期，我国城市化率非常低，仅为 10.64%，政府开始推动城市经济的恢复和发展：在七届二中全会上提出了“将党的工作重心由农村转向城市”，通过没收官僚资本、控制经济命脉、稳定市场物价等手段，建立新型城市社会关系和维护城市社会生产力，极大推动了城市化的发展。另外，随着“一五”建设时期156项重点工程建设的开展，推动了大规模的经济建设，工业化水平和整个社会生产力在这一时期都得到迅速发展，并出现了一批新兴的工矿业城市，由此对劳动力的需求和对城市建设、经济发展以及服务业的兴起，都起到了有力的推动作用。截至1957年，城市化率增长至15.39%。

表2-1 第一阶段城市化发展情况（1949-1957年）

阶段	年份	城市人口（万人）	城市化率	城市化率增长率	该阶段城市化率平均增长率
第一阶段	1949年	5765	10.64%		4.8%
	1950年	6169	11.18%	5.1%	
	1951年	6632	11.78%	5.4%	
	1952年	7163	12.5%	6.1%	
	1953年	7826	13.31%	6.5%	
	1954年	8249	13.69%	2.9%	
	1955年	8285	13.48%	-1.5%	
	1956年	9185	14.62%	8.5%	
	1957年	9949	15.39%	5.3%	

数据来源：《2012年中国统计年鉴》

从图2-3中可以看出，在这期间，城市化率的变化基本呈一条向上的直线稳定增长，从1950年开始，每年均以接近平均增长率4.8%的速度增长。这一阶段的城市化发展表现为同步城市化模式，与社会经济发展进程相适应。

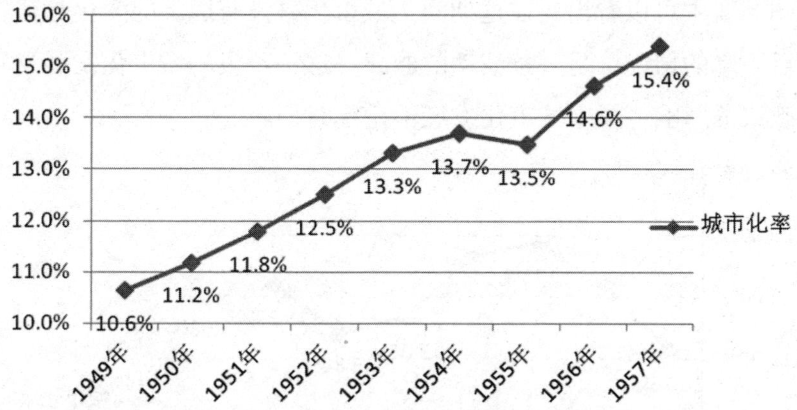

图 2-3　第一阶段城市化率的变动情况（1949-1957 年）

第二阶段为 1958 年至 1965 年，在这期间，我国经历了“大跃进”运动，从 1958 年开始，在“左”倾思想和政策的指导下，农村劳动力爆发性地涌进城市，城市化率由 1957 年的 15.39% 一跃上升到 1960 年的 19.75%，提高了 4.36 个百分点。之后经历了三年自然灾害、苏联解体等国内、国际不稳定趋势，使城市社会经济出现了全面萎缩，导致城市人口出现负增长，城市化率也由 1961 年的 19.29% 减少到 1965 年的 17.98%。

表 2-2　第二阶段城市化发展情况（1958-1965 年）

阶段	年份	城市人口（万人）	城市化率	城市化率增长率
第二阶段	1958 年	10721	16.25%	5.6%
	1959 年	12371	18.41%	13.3%
	1960 年	13073	19.75%	7.3%
	1961 年	12707	19.29%	-2.3%
	1962 年	11659	17.33%	-10.2%
	1963 年	11646	16.84%	-2.8%
	1964 年	12950	18.37%	9.1%
	1965 年	13045	17.98%	-2.1%

数据来源 :《2012 年中国统计年鉴》

从图 2-4 中可以看出，在这期间，城市化率没有固定的变化趋势，出现先增长后下降的情况，呈一条波动的曲线。这一阶段的城市化发展受到错误理论和政策的影响，属于城市化发展不稳定时期。

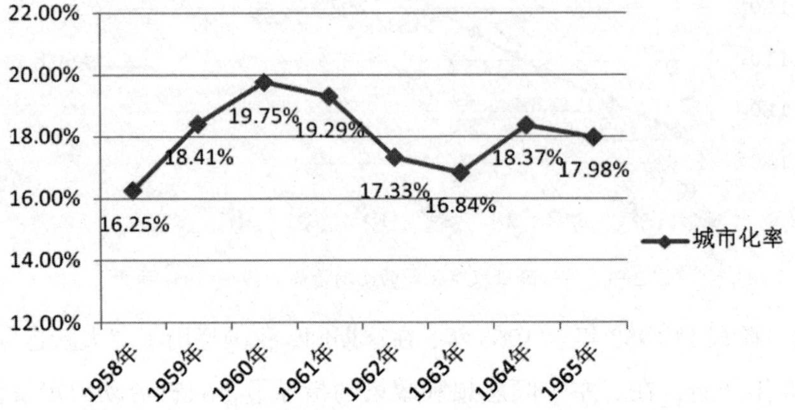

图 2-4　第二阶段城市化率的变动情况（1958–1965 年）

第三阶段是 1966 年至 1977 年，在这期间，由于“文化大革命”的影响，我国出现了逆城市化现象，政治运动成为社会活动的重心，全国经济特别是城市工业经济停滞不前，导致城市化进程无法推进，城市化率一直在 17.1%–17.9% 之间徘徊。

表 2-3　第三阶段城市化发展情况（1966–1977 年）

阶段	年份	城市人口（万人）	城市化率	城市化率增长率	该阶段城市化率平均增长率
第三阶段	1966 年	13313	17.86%	–0.7%	–0.2%
	1967 年	13548	17.74%	–0.7%	
	1968 年	13838	17.62%	–0.7%	
	1969 年	14117	17.50%	–0.7%	
	1970 年	14424	17.38%	–0.7%	
	1971 年	14711	17.26%	–0.7%	
	1972 年	14935	17.13%	–0.8%	
	1973 年	15345	17.20%	0.4%	

（续表 2-3）

阶段	年份	城市人口（万人）	城市化率	城市化率增长率	该阶段城市化率平均增长率
第三阶段	1974 年	15595	17.16%	-0.2%	-0.2%
	1975 年	16030	17.34%	1.0%	
	1976 年	16341	17.44%	0.6%	
	1977 年	16669	17.55%	0.6%	

数据来源：《2012 年中国统计年鉴》

从图 2-5 中可以看出，在这期间，城市化率变化基本呈一条水平直线，在这一阶段，城市化发展属于停滞徘徊期。

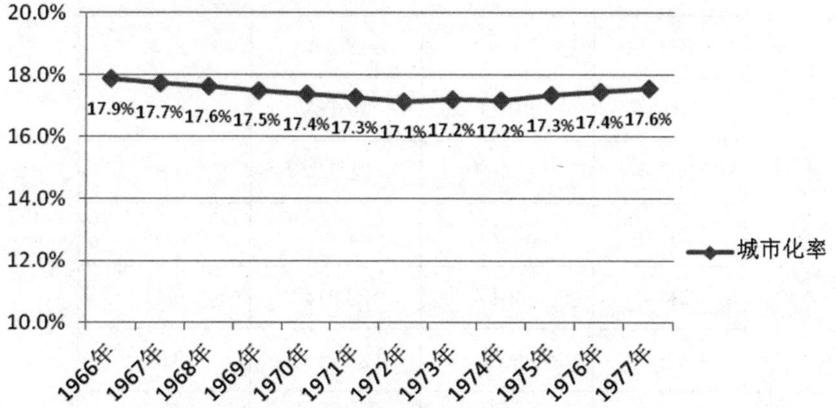

图 2-5　第三阶段城市化率的变动情况（1966-1977 年）

第四阶段为 1978 年至今。该阶段是我国城市化稳定、快速增长时期。1978 年，党的十一届三中全会全面认真地纠正了“文化大革命”中及其以前的“左”倾观念，做出了把工作重点转移到社会主义现代化建设上来的战略决策，提出了实行改革开放的新政策，启动了农村改革的新进程。在农业化大发展、城市建设等多种因素的作用下，城市化开始了长足稳定的发展。1984 年，以中共十二届三中全会通过的《中共中央关于经济体制的决定》为标志，我国进入了以城市为重点的经济体制改革阶段，乡镇企业的迅速发展并通过聚集形成了大量的小城镇，城市人口进一步增加，巩固了城市化的稳定发展。之后，政府从“积极发展小城镇”战略的推出到“稳步推进城市化进程”，城市化战略日趋理性。十六大政府工作报告中关于全面建设小康社会的目标中提到：到2020年，城镇人口比重将超过50%，基本实现工业化，农村劳动力比重将从现在的50%降低到30%。我国城市化发展呈现出原有城市改造、开发区建设和建立国际大都市并行的趋势，城市化的扩张逐渐从量的扩张过渡到量与质共同提高的趋势。

表 2–4　第四阶段城市化发展情况（1978 年至今）

阶段	年份	城市人口（万人）	城市化率	城市化率增长率	该阶段城市化率平均增长率
第四阶段	1978 年	17245	17.92%	2.1%	3.2%
	1979 年	18495	18.96%	5.8%	
	1980 年	19140	19.39%	2.3%	
	1981 年	20171	20.16%	4.0%	
	1982 年	21480	21.13%	4.8%	
	1983 年	22274	21.62%	2.3%	
	1984 年	24017	23.01%	6.4%	
	1985 年	25094	23.71%	3.0%	
	1986 年	26366	24.52%	3.4%	
	1987 年	27674	25.32%	3.3%	
	1988 年	28661	25.81%	1.9%	
	1989 年	29540	26.21%	1.5%	
	1990 年	30195	26.41%	0.8%	
	1991 年	31203	26.94%	2.0%	
	1992 年	32175	27.46%	1.9%	
	1993 年	33173	27.99%	1.9%	
	1994 年	34169	28.51%	1.9%	

（续表 2-4）

阶段	年份	城市人口（万人）	城市化率	城市化率增长率	该阶段城市化率平均增长率
第四阶段	1995 年	35174	29.04%	1.9%	3.2%
	1996 年	37304	30.48%	5.0%	
	1997 年	39449	31.91%	4.7%	
	1998 年	41608	33.35%	4.5%	
	1999 年	43748	34.78%	4.3%	
	2000 年	45906	36.22%	4.1%	
	2001 年	48064	37.66%	4.0%	
	2002 年	50212	39.09%	3.8%	
	2003 年	52376	40.53%	3.7%	
	2004 年	54283	41.76%	3.0%	
	2005 年	56212	42.99%	2.9%	
	2006 年	58288	44.34%	3.1%	
	2007 年	60633	45.89%	3.5%	
	2008 年	62403	46.99%	2.4%	
	2009 年	64512	48.34%	2.9%	
	2010 年	66978	49.95%	3.3%	
	2011 年	69079	51.27%	2.6%	

数据来源：《2012 年中国统计年鉴》

在这一时期，城市化率的变动基本为斜向上的一条直线，呈稳定增长态势，从 1978 年的 17.92% 快速增长，到 2011 年已突破 50%。其中，从 1996 年开始，加快了增长速度，增长率从之前的 2% 左右一跃到 5%，之后一直保持在 3%–4% 之间。

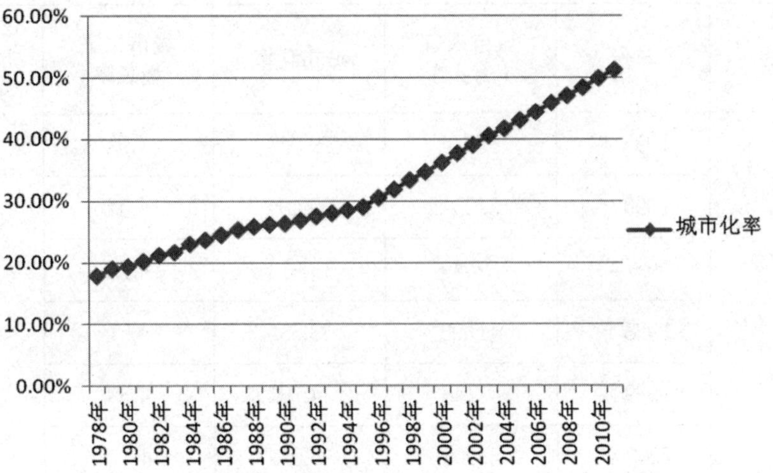

图 2-6　第四阶段城市化率的变动情况（1978 年至今）

从以上对我国城市化发展阶段及基本状况的分析和总结中可以看出，我国城市化发展分别经历了增长、波动、停滞和稳定增长四个时期。2012 年，党的十八大再次把城市化发展作为重要发展战略提出，李克强认为，城镇化[1]是最大的内需潜力所在，是经济结构调整的重要依靠，要积极稳妥地推进城镇化是事关长远的大战略，要把城镇化放在现代化大趋势中来思考。不少学者也认为，城市化将是未来带动我国经济发展最有效的战略和动力，他们认为 13 亿人口的规模和相对偏低的城市化率，将成为创造内需空间的重要力量。在由农民转为市民的过程中，由于收入增加所带来的基本生活、住房、教育、卫生和对其他消费品的直接消费需求；由城市化推进所带来的交通、通讯、供电、供气、供水和其他基础设施建设需求；由农村适度规模经营和劳动生产率提高后带来的农村消费扩大将创造出一个以万亿元为单位计算的巨大的市场空间。

本书认为，城市化既是政府未来的施政重点，也是中国经济增长的动力。但事物都具有两面性，在作为经济增长动力的同时，也会伴生出各种各样的社会问题，而只有对这些问题进行研究并较全面地了解并解决后，城市化才

[1] 我国目前“城市化”和“城镇化”两种提法在相关研究中经常混用，中国城市与区域规划学界在“中国城镇化道路问题学术讨论会”(1982) 上指出城市化与城镇化为同义语，本书研究中使用“城市化”这一提法。

能快速、健康、高质量的发展。

2. 我国城市化的特征

（1）处于城市化加速发展阶段

在计划经济时期，中国城镇人口平均每年增加不足500万人。改革开放后，城市化步伐显著加快。20世纪80年代，城镇人口平均每年增加1000万人以上，到90年代增长到1500万人以上，进入21世纪，城镇人口平均每年增长接近2000万人，规模进一步扩大。同时，在20世纪90年代，全国城市建成区面积平均每年扩大938平方公里，进入21世纪后，平均每年扩大1861平方公里，几乎增加了一倍。根据诺瑟姆（1975）提出的城市化发展过程呈“S”型曲线的理论，城市化率达到30%左右会出现一个快速推进时期，持续到70%之后才会逐渐趋于平缓。截至2011年，我国城市化率达到51.27%，因此，我国当前呈现出城市化增长的强劲势头，处于城市化加速发展阶段。

（2）大城市发展优势明显增强

中国的市场经济是从计划经济体制比较薄弱的外围起步的，如农村和小城市，尤其是在东南沿海地区。因此，改革开放早期，随着市场经济的发展，小城镇和小城市最先得益于市场经济的推动，并快速崛起；而大城市由于受体制的拖累，负担过重，步履维艰。直到20世纪90年代后期，随着中国市场经济体制的逐步建立，以及经济结构的调整和升级，尤其是第三产业的快速发展，使大城市的活力开始恢复和发展。尤其是进入21世纪以来，市场经济体制趋于完善，市场配置资源的基础性作用逐步增强，大城市、特别是区域性中心城市，如上海、北京、南京、武汉、广州等，发展优势更加突出。2010年8月揭晓的中国城市国际形象调查推选结果显示，有655个城市正计划“走向世界”,200多个地级市中有183个正在规划建设“国际大都市”[1]。

（3）城市化主要表现为空间规模的外延扩张

由于我国土地制度的特殊性，我国城市化的过程首先通过农村土地变为城市用地来实现。《土地管理法》规定，国家根据公共利益需要，可以依法

[1] http://www.china-up.com.

征收农村土地将其变为城市建设用地。近年来，地方政府借助城市化加速推进之势，把大量农村土地变为城市建设用地，据国土资源部公开数据显示，“十一五”期间，全国共批准新增建设用地 3300 多万亩。许多农民“被上楼”，许多村庄建制地变为城镇，违法拆迁、暴力拆迁时有发生。

（4）出现“浅城市化”现象——农民市民化存在障碍

真正的、健康的城市化是农民市民化，是农民充分享有和城市居民相同的就业、社会保障以及其他公共服务。而我国的城市化主要表现为城市土地的扩张和楼房化，存在农民完全转变为市民的障碍。由于我国户籍制度和体制机制等原因，2011 年，我国城市化率是 51.27%，而城镇户籍人口占总人口的比例只有约 33%。也就意味着，大约 20% 的城市人口没有获得和城市居民同等的就业、社保、医疗、教育等公共服务，没有真正融入城市，游离于农民和市民之间。有学者把这种城市化称作“半城市化”、“浅城市化”[1]。另外，城市流动人口往往被主流社会排斥，其利益常常被剥夺，流动人口“被农民化”倾向没有引起足够重视。

二、城市化空间规模的外延扩张与“土地财政”的关联分析

城市空间规模的外延扩张是当前我国城市化发展的一大特点。由于城市数量的不断增加和城市规模的不断扩大，城市土地的绝对面积也在增加，城市土地不断“侵蚀”周边的农业用地，大量的农村土地转变为城市用地。自 1949 年新中国成立以来，我国农村土地制度经历了农民所有制到集体所有制的变迁；城市土地被国家通过没收、赎买、征购、征用等方式变成国有土地，并经历了从计划调拨分配的使用制度，即城市土地无偿、无限期、无流动的使用制度到城市土地市场的形成，即有偿、有期限、可流动的土地使用制度。在土地制度的变迁过程中，随着城市空间规模的外延扩张，地方政府在每个阶段发挥着不同的作用，所扮演的角色以及获得的利益与效用也发生着改变，土地与地方财政的关联也越来越密切。本节通过梳理我国土地制度

[1] http://www.china-up.com.

的发展与变迁，分析在城市化空间规模扩张中地方政府所扮演的角色与“土地财政”的形成路径。

（一）我国土地制度的发展与变迁

1. 农村土地制度的变迁

（1）20 世纪 50 年代初：封建地主所有制改为农民所有制

新中国成立后，出台了《中华人民共和国土地改革法》，随后制定了相应的与土地改革相关的法律及条例，在全国范围内分期分批开展了土地改革运动。

改革的核心是以解放农村生产力、发展农业生产为目的，废除地主土地所有制，实行农民土地所有制。改革内容是由各级农民代表大会选举出的农民协会委员会给农民划分阶级成分，查清土地亩数和产量，分配土地。土地改革前的土地契约作废，以人民政府颁发土地所有证为依据，土地所有者可以自由经营、买卖以及出租土地。这一时期，真正实现了土地私有化，农民拥有土地所有权和经营权，可以对自己的土地进行买卖、出租、赠与等交易。

（2）20 世纪 50 年代中期至 70 年代末：农业合作化与集体经营

农业合作化经历了初级合作化、高级合作化和人民公社化三个阶段。这一时期，土地所有权和经营权从分离到统一，所有权由农民私有转变为集体所有，经营权从前一时期的农民个人经营转变为集体合作统一经营。

在初级合作化（1953–1955 年）时期，土地仍归农民私有，农民拥有土地的处分权。但开始实行合作社统一经营，农民享有土地分红。在高级合作化（1955–1957 年）时期，废除了土地私有制度，土地从农民所有变为合作社集体所有，合作社集体经营，取消土地分红，按劳动的数量和质量进行分配。在人民公社化（1957 年 –70 年代末）时期，土地归公社集体所有、集体经营，经营规模空前扩大。1958 年 8 月，《关于在农村建立人民公社的决议》提出，建立工农商学兵相结合的人民公社，是农村经济发展的必然趋势，是在农村加速建成社会主义，并向共产主义过渡的桥梁。人民公社化使合作组织及农民的一切土地，一切公共财产无偿地收归公社所有，公社对土地进行统一的集体经营。人民公社制度的土地所有权和经营权较前一时期没有改变，土地仍属于集体所有，由集体统一经营，只是土地的经营规模空前扩大，国家对土地生产经营活动的控制和管理高度集中。

（3）1978 年后：家庭承包责任制

1978 年秋到 1980 年 9 月，农村土地家庭承包责任制开始萌芽。通过总结合作时期的成功经验，开始实行土地生产“三包一奖”甚至包产到户等责任制形式，主要实行联产到组的责任制形式。1980 年 9 月到 1983 年，农村土地家庭承包责任制进入了全面开展阶段。1979 年 9 月，中央充分肯定了家庭联产承包责任制，指出可以在生产队统一核算和分配的前提下，包工到作业组，根据产量计算劳动报酬，实行超产有奖。此后，以“包干到户”形式为主的各种生产责任制如燎原之势,迅速推开,人民公社开始解体。1984 年到 1991 年，农村土地家庭承包责任制进入了稳定和深化发展阶段。1984 年，中央通过发文强调要继续稳定和完善联产承包责任制，延长土地承包期，并规定承包期在 15 年以上。1992 年至今，农村土地家庭承包责任制进入了完善和法制化阶段。1993 年,“家庭承包经营”明确写入《宪法》,相关条例再次将承包期延长，规定原定承包期到期后，再延长至 30 年不变。1998 年，“土地承包经营期限为 30 年”被写入《土地管理法》，使承包关系进一步稳定并得到了法律保护。2002 年至 2005 年，国家连续出台了多部关于土地承包以及承包经营权流转的法律法规，进一步以法律的形式保障了农村土地承包关系的长期稳定。

农村土地承包责任制冲击了人民公社的土地产权制度，形成了新的土地产权制度。农民逐渐成为独立的财产主体，拥有对自己劳动产品的剩余控制权和索取权，同时农民也得到了对自己劳动力的支配权。但是，农村土地集体所有权形式仍然没有改变，存在所有权主体不明的缺陷。

综上所述，我国农村土地制度的变迁是两次强制性的政府主持的制度变迁过程：第一次的结果是将土地的地主所有变成了农民所有，实现了土地的私有经营；第二次则是土地公有制的变革，将土地农民所有变成了土地集体所有。推进制度变迁的主体和制度供给者都是政府。

2. 城市土地制度的变迁

（1）城市土地所有权制度的变迁——城市土地国有化的方式与阶段

新中国成立前，城市土地基本由政府官僚、封建地主、民族工商业者、个体劳动者、城市居民和外国人所有，城市土地可以进行买卖、转让和租赁，实行的是土地私有制[1]。新中国成立后，随着我国社会主义制度的确立，国家根据土地的不同性质，分别采取没收、赎买、国家经租以及公私合营等形式将城市大部分土地收归国家所有，还有小部分城市土地也通过立宪的形式实现了国有化。

新中国成立初期，《共同纲领》、《关于没收反革命罪犯财产的规定》等法定条例根据土地所有者的不同类别，分别规定了土地财产的国有改造方式。强制没收外国人、封建地主和国民党政府在城市中的土地变为国家所有；对于私营工商企业、房地产公司和房地产业主的城市房地产，用赎买、国家经租及公私合营的办法收归国有；以征用土地的方式强制将农村土地转变为国有土地。随后，城市土地被逐步国有化，但仍保留着相当数量的非国有土地，尤其是私人自住（或少量出租）的私有房地产。1967 年 11 月 4 日《国家房管局、财政部税务总局答复关于城镇土地国有化请示提纲的记录》中最早提出了将城镇土地全部国有化的主张。它强调“无论什么人的土地（包括剥削者、劳动人民）都要收归国有”。但在 1975 年的宪法中，并未明确规定城市土地一律国有。直到 1982 年，“城市的土地属于国家所有”作为第十条被写入了《中华人民共和国宪法》。自此，我国城市土地全部被国有化，为国家获得建设用地提供了便利。

（2）城市土地使用制度改革历程

第一阶段：计划调拨，无偿、无限期、无流动的城市土地使用制度（1949–1978 年）

新中国成立以来，随着我国城市土地的国有化，原有的土地市场被行政直接配置所取代，城市土地使用逐步转变为无偿使用。1954 年，中央规定国家机关、企业、学校、团体及公私合营企业使用国有土地时，由当地政府无偿拨给使用，均不必再缴纳租金；国营企业经市人民政府批准占用的土地，

[1] 李明月．我国城市土地资源配置的市场化研究 [M]. 北京：中国经济出版社，2007.

作为该企业的资产。1959年，在中央政府关于国家征地办法中明确提出了“无偿拨给使用，不必再缴纳租金”的政策。

这一时期，在高度集中的计划经济体制框架下，土地市场机制消失，国家通过高度集中的指令性计划调拨对城市土地资源进行配置，无期限、无偿使用国有土地的管理体制逐步形成并建立起来。这种制度的特点包括以下几方面：土地不具有商品属性，完全退出流通领域；土地无偿使用，用地者无需为获得用地付出代价；土地使用者长期占用土地，无时间限制；土地资源由政府统一行政分配，没有公开、公平的竞争机制；土地使用者不能自由处置土地，土地资源无法流动[1]。

第二阶段：城市土地市场的初步形成（1978–1991年）

计划经济体制下所形成的政府计划调拨，无偿、无限期的土地使用制度产生的直接结果是土地资源的配置和使用效率低下，阻碍了城市建设和社会经济的发展。

20世纪70年代末，中国开始进行经济体制改革，从过去的计划经济体制逐步转变为有计划的市场经济。随着经济体制改革的不断深入，个体经济、私营经济、股份制经济、中外合资合营企业以及外商独资企业等各种经济形式的经济实体得到大力发展。这些不同的经济形式如何使用土地对当时的土地制度提出了挑战，原有的无偿、无期限、无流动的土地使用制度已经不适应新的经济体制，暴露出许多问题：一是国家土地所有权在经济上没有充分体现；二是土地资源利用出现混乱，利用效率低，配置效率差；三是用地者缺乏经济压力，难以建立平等竞争的市场机制。

上述问题的出现，表明原有的土地使用制度已经不能满足新时期的要求，迫切需要改革。改革首先起源于各地在实践中的探索，很多城市开始探索从土地上取得收入作为城建资金的补充。1979年3月17日，香港招商局与深圳市商定，在蛇口工业区租赁土地1000亩，每年每亩付地租4000港币，租赁期限15年，免所得税3年。1980年8月，由广东省颁布的《广东省经济特区条例》第12条提出，境外客商使用经济特区土地需要缴纳土地使用费。

[1] 李明月.我国城市土地资源配置的市场化研究[M].北京：中国经济出版社，2007.

同年12月5日，深圳与香港签下第一份有关土地使用费征收的协议，约定港方有偿（每平方米缴纳土地使用费5000港币）、有期限（使用期限30年）、熟地（三通一平）使用该土地，这是第一份“无偿”变“有偿”的协议。

中外合资企业的土地有偿使用办法施行后，迎合了国有企业“利改税”的需要，很快取得了扩散效应。1980年10月，北京召开了全国城市工作会议，国务院转发的会议《纪要》明确提出，征收城镇土地使用费，是城镇建设和维护的一个固定资金来源。在城镇规划区范围内，对占用土地的单位和个人，均按当年实际占地面积缴纳土地使用费。收费按地段、分等级确定。对于不同的使用单位，收费标准也应有所不同。此后，广州等城市在一定范围内开始征收城镇土地使用费。1981年11月，《深圳经济特区土地管理暂行规定》明确了土地使用费的计费标准，规定“境内外用户”都需缴纳土地使用费，这是我国首次以法律形式确认，按标准征收土地使用费[1]。1984年，辽宁省抚顺市开始了全面征收城市土地使用费的试点。抚顺市颁布的《征收土地使用费的暂行办法》中规定，除了免收的土地外，凡在城市规划区以内的国有土地上进行工业生产、建设和经营商业、服务业以及个人建设用地，一律缴纳使用费。在随后几年中，各地陆续开征城市土地使用费。然而，各地政府的这种改革仅限于收取低额地租，并没有触动僵化的城市土地使用制度[2]。

1987年9月，国家土地管理局开始研究城市土地使用制度改革试点。1987年9月9日，深圳特区率先成为土地使用权有偿转让试点，按规定年期出租土地，一次性收取地价，并允许承租方转让土地使用权或进行抵押。同年12月1日，深圳首次拍卖出让国有土地使用权。1987年11月，上海市人民政府出台了《上海市土地使用权有偿转让办法》。1988年，上海市虹桥开发区第26号地块，在国际招标中出让成功，成为我国首例以国际招标形式出让土地使用权的地块。此后，福州、海口、广州、厦门等城市也相继开展了土地出让的试点。1988年4月，国家修改了《宪法》第十条关于不得出租土地的规定，明确指出“土地的使用权可以依照法律的规定转让”。

---

[1] 曲波. 中国城市化和市场化进程中的土地计划管理研究[M]. 北京：经济管理出版社，2011.
[2] 周介铭. 城市土地管理[M]. 北京：科学出版社，2010.

这次修宪标志着我国在根本大法上承认了土地使用权的商品属性，是我国土地使用制度的根本性变革；也为进一步进行土地使用制度的改革扫除了法律障碍。1990 年 5 月，国务院发布了《中华人民共和国城镇国有土地使用权出让和转让暂行条例》，以行政法规的形式，确立了实行城镇国有土地使用权出让、转让制度。土地有偿使用制度已经基本具备，土地市场初步形成。

第三阶段：城市土地市场的逐步规范阶段（1992 年至今）

1992 年，在十四大正式确立建立社会主义市场经济体制的背景下，实现土地资源的市场化配置成为我国土地制度改革的目标。1992 年底，土地出让试点在全国范围内迅速扩大。经济特区和部分沿海城市已全面推行土地有偿使用制度，土地供应主要采用出让方式。随后的《城市房地产管理法》和《土地管理法》规定了国有土地使用权可以出让、转让、出租、抵押，建设单位使用国有土地应当以出让等有偿方式取得。最终确定了国有土地有偿、有限期的使用制度。

为规范土地市场的健康发展，改善城市土地市场的运行机制和管理机制，为市场提供充分的市场信息，促进一级市场上土地需求者的公平、公开竞争，杜绝不规范的交易行为，土地储备制度在全国范围内逐步建立。1996 年 11 月 15 日，上海市成立了我国第一家土地储备机构——上海市土地发展中心，推行“统一收购、统一储备、统一出让”的政策，开始了对城市土地经营的探索和实践。随后，1997 年 8 月，杭州市成立了杭州市土地储备中心，按照“经营城市、经营土地”的总体思路，实现了政府对土地一级市场的垄断。2001 年，中央明确规定了有条件的地方政府实行收购储备制度。此后，土地储备机构在各城市逐步建立，政府通过土地储备机构运作收购、征收、收回土地，将土地进行开发整理达到“数通一平”、产权明晰后上市交易，使土地市场出售的土地产品符合交易条件和市场规范。

2001 年后，土地市场建设进一步规范化，划拨土地范围被严格限定，土地出让方式逐步由协议向招标、拍卖、挂牌等出让方式转变。2001 年，国务院规定，为确保土地使用权交易的公开、公平和公正，各地要大力推行土地使用权招标、拍卖。2002 年，国土资源部进一步明确商业、旅游、娱乐和商品住宅等各类经营性用地，必须以招标、拍卖或者挂牌的方式出让。2004年，国务院提出要逐步实行经营性基础设施用地有偿使用和推进工业用地的招标、拍卖、挂牌出让。2006年8月，国务院出台31号文件，对工业用地的出让方式作出明确规定，必须采用招标、拍卖、挂牌方式出让，出让价格不得低于公布的最低价标准。除了对划拨土地范围进行严格限定以及土地出让方式的规范化，《城市房地产管理法》和《城市国有土地使用权出让和转让暂行条例》还对土地使用权出让年限做出了具体规定：居住用地70年；工业用地50年；教育、科技、文化、卫生、体育用地50年；商业、旅游、娱乐用地40年；综合或者其他用地50年[1]。

综上所述，可以将新中国成立以来的城市土地所有权和使用权的变迁总结为：城市土地所有权分形式、分阶段从私人所有逐步完全转变为国家所有；城市土地使用制度经历了从国家高度集中的计划调拨，无偿、无限期、无流动使用到土地市场的形成。随着市场化进程的不断加快，土地市场的发展也由浅入深、逐步规范：在土地储备制度建立的基础上，土地从生地出让到熟地出让，出让方式也从协议出让到招、拍、挂出让，招、拍、挂出让范围也由一般经营性用地扩大到工业用地。

（二）地方政府与财政在土地制度各阶段的功能和角色

政府是公共利益的代表，其宗旨是维护公共利益，因此，政府具有公共属性。政府作为公共事务的主要提供者、管理者以及服务者，既要行使公共管理，又要维护社会的公平正义，从这个层面看，政府扮演“政府人”的角色。所谓“政府人”，在古代哲学和政治学里，被认为是很少关心自己利益的利他主义者，是只和政府领域活动相联系的公共主体，它追求社会公共利益最大化，行使公共权力，依靠公共给养，接受公共监督。早在18世纪，亚当·斯密在《国富论》中提出了“经济人”的概念，认为个人行为的宗旨在于追求自身利益的最大化，每个人都在为自己所能支配的资源寻找最大的增值。随后，公共选择理论将“经济人”的概念从经济活动领域延伸至政治活动领域，

[1] 周介铭．城市土地管理[M]．北京：科学出版社，2010.

认为政治领域的参与者和经济领域的参与者没有什么差别。政治家参与政治活动并不是出于高尚的利他动机，而是根据自利原则行事，不仅注重从公共决策行动中可能获得的利益，也关心自己所要花费的成本。政治家和政府官员在政治领域中有着追求自身利益最大化的动机。考虑了政治家个人行为的政府，表现出了“经济人”的特征。随着资本主义由自由竞争阶段向垄断阶段的过渡，市场失灵的出现使得政府不仅仅是政府领域活动的公共主体，政府开始主动干预经济以及其他公共事务，管理职能的范围扩展到了人类生活的方方面面，政府“经济人”的角色也进一步体现出来。总之，政府一方面因为其本身所固有的职能、本质而具有“政府人”的特征，同时又因为政府是由一个个具有“经济人”特征的政治家组成而具有“经济人”的特征。

基于政府的“政府人”和“经济人”双重角色，以下将分别讨论地方政府及财政在城市土地计划调拨阶段和城市土地市场形成和发展时期的功能和角色。

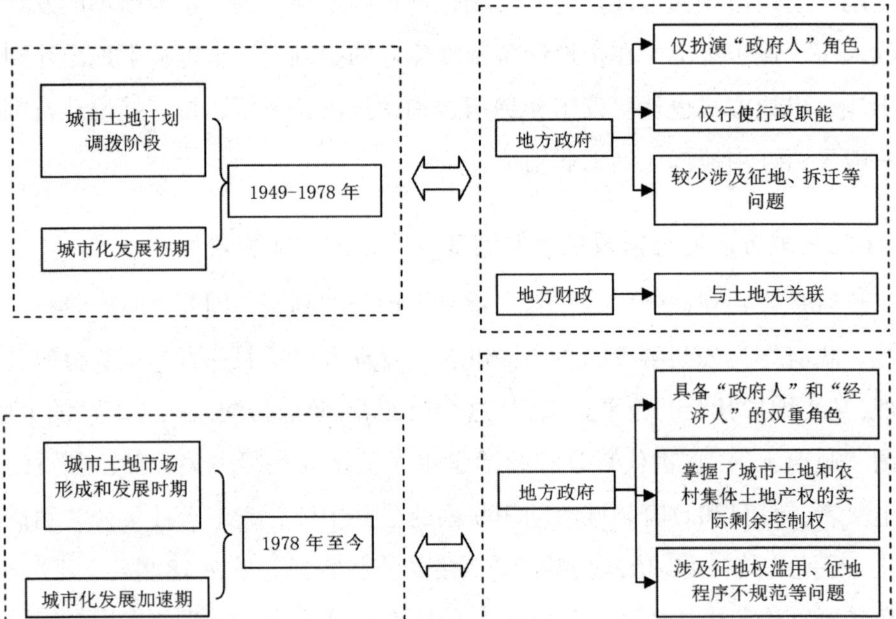

图 2-7 土地制度变迁、城市化进程和地方政府、财政的关联图

1. 城市土地计划调拨阶段的地方政府与财政

在城市土地计划调拨阶段（1949–1978 年），城市土地被收归国有，地方政府作为城市国有土地所有者的代理人，对城市土地资源进行无偿的、无期限的行政配置。由于这一时期的土地不具有商品属性，在计划经济体制框架下，地方政府“经济人”属性基本缺失，仅扮演“政府人”的角色行使行政职能，通过行政手段对土地资源进行管理和分配。土地的实际价值没有得到体现，地方政府未能从土地这项宝贵且稀缺的资源中获得收益，当时的地方财政与土地资源没有必然联系。

另一方面，在城市土地计划调拨这一时期，我国城市化进程经历了起步发展阶段（1949–1957 年）、波动不稳定阶段（1958–1966 年）以及停滞徘徊阶段（1967–1977 年），处于诺瑟姆城市化发展过程 S 型曲线的城市化发展初期，城市化率水平较低，城市人口较少，城市规模的外延扩张缓慢。由于城市土地的外延扩张缓慢，地方政府较少涉及农村土地转变为城市土地的征地、拆迁问题。

2. 城市土地市场形成和发展时期的地方政府与财政

城市土地市场形成和发展时期（1978 年至今），我国城市土地使用制度发生了根本性变革，土地资源的使用由无偿、无限期转变为有偿、有限期使用，即城市土地使用权逐步作为商品开始流通。这一时期，我国城市土地所有权的唯一主体是国家，在我国社会主义制度框架下，城市土地国家所有的深层次含义实际上为全民所有，而全民所有的城市土地产权主体是虚化的、抽象的，因此，只能通过中央政府即国务院代表国家行使所有者权利。1999 年，新《土地管理法》规定，中央和省级政府行使建设用地，包括农用地转用与土地征用的主要审批权，国有土地出让、登记、规划等具体的工作由地方土地管理部门来承担。据此，在实践过程中，我国城市土地所有权的行使通过中央政府委托各级地方政府来完成。由此可知，城市土地全民所有导致的产权主体虚化和《土地管理法》中的相关规定，使各级地方政府成为了事实上的城市土地所有者，具有了对城市土地转让、抵押、出租等权利，并获得了大部分的城市土地收益。地方政府已然成为了土地市场中特殊的垄断供给者。

另一方面，在土地市场形成和发展的这一时期，我国城市化进程进入了稳定、快速增长时期（1978 年至今），处于诺瑟姆城市化发展过程 S 型曲线的城市化加速期，城市化进程出现加快趋势，城市人口迅速增长，城市规模的外延扩张加速，大量农村土地转变为城市建设用地。由于我国农村土地集体所有权制度存在一定弊端和缺陷，以及《土地管理法》中规定："国家为了公共利益的需要，可以依法对土地实行征收或者征用并给予补偿"，导致地方政府在当前的农地征用市场上成为了唯一的需求方。

农村土地集体所有权制度的弊端和缺陷主要表现在以下两方面。一是农村土地集体所有的土地产权主体虚化，集体经济组织没有法律意义上的法人代表，土地所有权既无法有效落实到集体中每个成员身上，也不能通过有效的法律途径落实到集体组织的代理人身上，这种所有权的主体虚位导致了其自身权利可能无法获得法律的有效保护，最终导致了土地价值不能通过所有权市场化来体现，农民无法从土地的真正价值中受益，只能通过实际的用益，如承包经营权等来获得基本的生存保障；二是相对国家，集体属于弱势身份，国家所有和集体所有两种所有权不具有平等性和对抗性，在法律地位上，相对于国家土地所有权，集体土地所有权是典型的弱势权利，具有依附性、次位阶等特征。这种弱势身份主要表现为农村集体所有土地不能直接进入市场进行转让，只有地方政府通过强制征收的方式将其变为城市土地后才能进入市场交易。由此可知，农村土地集体所有制的缺陷加之我国法律关于政府征地以及在土地市场上的有关规定，使地方政府成为了集体所有权土地转让市场的垄断需求者。地方政府的垄断需求以及信息不对称等原因，导致了地方政府征地程序不规范，对征地权力的滥用等，使得农民的基本权利得不到保护。

综上所述，这一时期，由于土地产权关系的模糊和国家法律规定等制度性因素，城市土地和农村土地产权的实际控制权掌握在了地方政府手中。地方政府在农村集体土地征用市场和城市土地交易市场上都享有了绝对的垄断地位，并分别扮演了农地征用市场的主要买方和市地一级市场供应的主要卖方，既是裁判员又是运动员。这种土地作为唯一商品，地方政府作为垄断需求者和供给者的土地市场格局，使地方政府“经济人”的特征开始显现，为地方政府实现地方利益最大化提供了有利环境及条件。而城市规模外延扩张的加快，更进一步地凸显了地方政府“经济人”的属性，是其追求自身利益最大化的催化剂。

相应的，地方财政与土地的关系从前一时期的无关联，到通过土地获得财政收入，以及与土地相关的财政收入占地方财政总收入的比重逐年提高，甚至成为地方财政收入的主要来源。1989 年，财政部关于国有土地使用权出让收入管理的相关条例规定：扣除土地出让业务费后，土地使用权出让收入全部上缴财政，其中 20% 归当地财政部门用作城市土地开发建设，剩下的部分在中央财政和当地财政之间按 40% 和 60% 的比例分配。1992 年，再次调整了中央和地方分成比例，地方财政对土地出让金的支配权进一步扩大，除了土地出让金总额的 5% 上缴中央外，地方财政在核定合理的土地开发成本的基础上自行确定土地出让金的留成比例。由此可知，地方政府基本完全掌握了有关土地收入的支配权和收益权，地方“土地财政”的模式逐渐形成。

另外，地方政府在农村土地征用市场上的征地权滥用和征地程序不规范等行为，导致的农民利益损失以及农民生活保障的问题，将进一步加重地方财政的支出负担，有转换为财政风险的可能。

三、城市化公共服务需求提高与地方政府投融资行为的关联分析

前文将城市化定义为人口（地域）城市化、社会发展城市化以及生活方式（观念）城市化三个层面的一个递进发展的、综合的、系统的过程。即在完成了人口（地域）城市化后，进一步开始社会发展城市化，包括基础设施建设的完善、城市经济结构的形成以及城市管理机制的成熟，

最后递进到城市化的真正意义——生活方式及观念意识的城市化，迁移进城的农民开始真正转变为城市居民。随着城市化从表象到实质内涵的三个层面的深入，整个社会对公共物品（服务）的需求将大幅增加，包括从城市建设、环境维护到居民的教育、医疗、社会保障以及福利问题等方方面面。在我国，从公共服务供给机制来看，公共服务供给主体呈现单一化特征，主要由政府主导，政府基本承担了提供公共服务的全部职责，城市化导致的社会公共服务需求的扩大，进一步加重了政府的负担。而财政作为政府的资金保障部门以及公共资源的支配者，自然成为了直接买单者。从财政体制方面来看，1994 年，我国实行了财政体制分税制改革，重新划分了中央和地方的财力与事权，主要特征表现为收入的向上集中与事权（支出责任）的层层下移，导致更多的公共服务供给职责下移到地方政府。由此可知，在城市化公共服务需求不断扩大的情况下，我国的公共服务供给机制和财政体制特征决定了地方财政的发展路径，使其面临财力不足、负担过重等问题。以下将以我国公共服务供给机制和财政体制的现状及特征两方面为切入点探讨公共服务需求的扩大对地方财政的影响。

（一）城市化进程中公共服务需求增加的相关分析

1. 基于城市穷人数目增加角度的公共服务需求的提高

公共服务需求的增长通常与人口增长相联系。城市化进程中大量的农村人口涌入城市，短期内使城市穷人数目不断增加。城市穷人数目的继续增加使整个社会和经济服务需求不断提高，同时也要求不同结构、不同方式的公共服务。例如，在公共性住房方面，除了有对一些永久性住房的需求外，服务健全的公共设施和场所也是必不可少的；在公共医疗方面，除了增加几所医院外，广泛的、小型的医疗诊所同样是不可或缺的；在公共供水方面，人们可能会要求较多的公共自来水供应站而不只是延伸供水总管道。这些对公共服务需求的提高，最终将导致财政支出的增长。另外，据罗伊 · 巴尔，约翰尼斯 · 林对发展中国家的调研数据显示，发展中国家城市人口增长率的趋势远远高于全国人口增长率[1]。由于支出的增长至少与人口同比例增长才能维持不变的公共服务水平，因此，城市政府，即地方政府承担了公共服务需求增加的主要压力，地方财政支出压力进一步加大。

2. 基于人均收入提高角度（收入效应）的公共服务需求的提高

城市化和人均收入的关系主要表现在两方面：一是随着城市化程度的提高人均收入不断增加，二是最大城市中的人均收入一般在国家中是最高的。

人均收入的增加导致人均公共服务需求的提高，其增量取决于对公共服务需求的收入弹性。据经验与调研数据显示[2]，一方面，由于居民拥有用水用电的电器增加、总体消费水平提高、家庭废物范围扩大以及对机动车辆的需求大幅提高等原因，供水、电力、垃圾处理以及城市道路设施等基础设施公共服务的收入弹性为正且较高。另一方面，教育以及保健需求与家庭收入存在正相关关系。当家庭收入较低时，家庭首先考虑的是基本生活需求的满足，不会把教育、保健等考虑在其支出范围内。随着收入的增加，在满足了基本生活需求的基础上，家庭开始追求完善的教育体系、保健服务等。总之，随着人均收入的增加，将导致城市公共服务质量的提高，包括更迅速的通讯和交通、良好的保健、教育、消防和社会治安。

3. 基于高收入者期望及发达国家“示范效应”的公共服务需求的提高

在一段时期内，高收入者对公共服务水平和质量不断变化的偏好和期望，是使城市公共服务需求上移的一个重要因素。对公共服务水平的偏好，除了指消费者愿意用私人物品替代公共物品的比率外，还包括其愿意为公共物品支付较高的价格。例如，对教育服务的供给要求较高；要求采取较

[1] 罗伊·巴尔，约翰尼斯·林.发展中国家城市财政学[M].北京：中国财政经济出版社，1995.

[2] 罗伊·巴尔，约翰尼斯·林.发展中国家城市财政学[M].北京：中国财政经济出版社，1995.

多的再分配措施，以抑制潜在的不安定因素；愿意支付较多的税，以便政府抵消由于城市公共服务不足而产生的消极外在因素等。

另外，受到发达国家“示范效应”的影响，处于城市化加速发展阶段的发展中国家政府有可能会迅速提高公共服务标准，试图达到发达国家水平。例如，在供水质量和使用高标准的要求下，现代科学水处理技术代替传统技术；垃圾处理焚烧炉或综合利用代替传统的回收利用技术。高标准和高技术将使财政支出大量增加。

（二）当前财政体制下地方政府支出责任分析

1. 横向：公共服务供给由政府主导，多元化治理程度低

公共服务供给指取得公共服务消费权的主体、方式等，即公共服务应当由谁出资购买、由谁消费。从大卫·休谟到亚当·斯密，再到约翰·穆勒，都认为公共物品问题与政府职能密切相关。他们认为，由于公共物品和服务的非竞争性和非排他性导致了公共物品市场供给失灵，而政府在提供这类产品和服务的过程中具有先天的优势，所以政府直接提供公共产品是一种可行的办法。

20 世纪六七十年代以来，随着福利国家危机的出现，一批主张经济自由的经济学家纷纷开始怀疑政府作为公共产品唯一供给者的合理性。由于政府作为一个非竞争性的公共选择主体，与社会公共需要存在信息不对称的问题，以及公共物品和公共服务的复杂性，使得单靠政府难以提供足够的、有效的公共服务。为了实现公共产品的有效供给，市场供给公共物品有了存在的必要。

随着 1974 年伯顿·韦斯布罗德的市场失灵 / 政府失灵理论的提出，介于公域和私域之间的“第三部门”——非营利组织作为公共服务供给主体受到了广泛研究。由于非营利组织的机制是以自愿追求公益，通过具有平等地位的社会活动主体的个人选择、理解，形成共同的道德和信念等活动追求公共利益。因此，当政府和市场的供给失效时，非营利性企业这种“自治”的组织就应运而生，通过互利互惠的机制实现公共

需求。

20 世纪 70 年代，随着新制度经济学的发展，罗伯特·伍思努提出了政府、市场和非营利性组织相互依赖的理论。他认为，在公共物品供给方面，政府、市场和非营利性组织间存在着频繁的互动和交换关系，要实现最有效的公共物品供给，实现完整的现代社会的全部功能，三者的任意一方都不能偏废[1]。由此，公共服务供给主体的多元化已成为全球行政改革的趋势。

在我国，由于制度性因素和特殊国情，使我国的公共服务供给主体发生了一定程度的不平衡。受早期实行高度集中的计划经济体制的影响，我国“全能主义政府”、“无限责任政府”的政府运行模式一直存在。政府基本完全承担了整个社会的公共服务供给责任，多元化治理程度较低。

新中国成立初期，由于实行计划经济体制，无论在经济领域还是公共领域，政府均实行大包大揽政策，承担公共服务的全部职责，并为此设立了邮电部、交通部、卫生部、广电部等诸多政府机构，市场完全不参与公共服务供给。随着社会主义市场经济的建立，政府逐步退出了经济建设领域，市场逐渐开始发挥其功能，使我国经济发展水平有了显著提高，但由于市场机制不健全等原因，为防止市场混乱，产生私人垄断，危害公共利益，政府仍是公共服务供给的主要承担者，并表现出管得过宽、统得过死甚至是某种程度上的政府垄断的特征，公共服务供给的市场参与度非常低，社会事业的投资主体仍依赖政府，非国有资本受多方面因素制约，依然很难进入公共服务领域。

此外，我国实际上并不存在西方典型意义上的“非营利组织”，与其相似的机构主要是民办非企业单位和基金会等。虽然近年来这些机构越来越多的活跃于我国社会管理和公共服务的各个领域，但其机制运行仍不尽完善，存在社会化程度低、官办色彩浓厚；缺乏自我约束、自我管理机

[1] 李仙飞．马克思主义视域之西方公共服务有效供给理论 [M]. 北京：社会科学文献出版社，2011.

制等问题。

综上所述，我国政府公共服务供给多元化治理程度低，无论是纯公共物品还是混合性准公共物品，如各类具有一定收费来源的基础设施项目，基本上完全由政府提供，公共服务供给机制表现为政府垄断模式。由此财政承担了过多的公共物品供给的支出责任，支出范围远远超过财政收入可承受范围，支出压力较大。

2. 纵向：当前财政体制下地方政府承担了城市公共服务供给的主要任务

财政体制决定了公共服务的供给责任如何在中央政府和地方政府之间分配。1993 年 12 月，国务院发布了《关于实行分税制财政管理体制的决定》，指出为了进一步理顺中央与地方的财政分配关系，更好地发挥国家财政的职能作用，增强中央的宏观调控能力，从 1994 年 1 月 1 日起在全国实行分税制财政体制。这次改革主要内容为，收入方面调整了中央财政和地方财政的收入格局。消费税的宏观调控功能较强，如果划归地方，受地方利益机制影响，可能会不利于国家宏观调控政策的实施，因此归为中央的固定收入；关税、进口环节消费税和增值税体现国家权益，前两者归为中央收入，增值税仍然作为中央地方共享收入，但归为中央的比例由以前的 50% 调整为 75%。支出责任划分基本沿袭了分税制改革前中央地方划分支出的办法，支出分配格局大致不变，中央财政主要承担国家安全、外交和中央国家机关运转所需经费，调整国民经济结构、协调地区发展、实施宏观调控所必需的支出以及由中央直接管理的事业发展支出。地方财政主要承担本地区政权机关运转所需支出以及本地区经济、事业发展所需支出[1]。改革的直接结果是中央财政收入占全国财政收入的比重从改革前的 22% 上升到 55.7%，之后一直稳定在 49%–55% 之间。在支出格局基本不变的情况下，财力的向上大幅集中导致了支出责任的相对下移，使体制矛盾和公共服务供给的压力逐步集中于地方政府，形成财政困境。从表 2–5 中可以看出，1994 年分税制改革以来，地方财政的支出已远远超出了可

[1]《关于实行分税制财政管理体制的决定》，1993 年 12 月。

获得的财力，在收入比重只有45%–51%的情况下，所负担的支出达到了65%–85%。

表2–5　分税制改革以来中央、地方财政收入支出变化情况

项目 年份	中央收支占全国收支比重（%）		地方收支占全国收支比重（%）	
	收入	支出	收入	支出
1995	52.2	29.2	47.8	70.8
1996	49.4	27.1	50.6	72.9
1997	48.9	27.4	51.1	72.6
1998	49.5	28.9	50.5	71.1
1999	51.1	31.5	48.9	68.5
2000	52.2	34.7	47.8	65.3
2001	52.4	30.5	47.6	69.5
2002	55.0	30.7	45.0	69.3
2003	54.6	30.1	45.4	69.9
2004	54.9	27.7	45.1	72.3
2005	52.3	25.9	47.7	74.1
2006	52.8	24.7	47.2	75.3
2007	54.1	23.0	45.9	77.0
2008	53.3	21.3	46.7	78.7
2009	52.4	20.0	47.6	80.0

（续表 2–5）

年份＼项目	中央收支占全国收支比重（%）		地方收支占全国收支比重（%）	
	收入	支出	收入	支出
2010	51.1	17.8	48.9	82.2
2011	49.4	15.1	50.6	84.9

数据来源 :《2012 年中国统计年鉴》

另一方面，我国宪法虽然原则上对中央和地方政府职责范围做出了规定，但没有通过立法对各级政府的事权加以明确划分，因此，在财政体制的支出责任划分上一直存在不清晰、不具体等问题。在地方财政相对于中央财政处于弱势地位的情况下，导致本应当由中央和地方财政共同负担的事权，如义务教育和基础医疗的提供、基础设施建设、环境保护以及社会保障和救济等支出都有所下移，使地方财政的支出基数和支出刚性增大。

从表 2–6 中可以看出，2011 年，中央政府在教育和医疗这两方面投入比重都很低，教育事业费的支出为 6.1%，卫生事业费为 1.1% ；基础设施建设中的交通运输支出，中央仅负担了 4.4% ；环境保护方面的支出，中央仅负担了 2.8% ；在全社会保障和就业方面，中央也仅承担了 4.5% 的支出责任。事权的下移导致了 2011 年地方财政收入占总收入比重仅 50.6% 的情况下，仍然需要负担 84.9% 的公共服务支出。

表 2–6　2011 年中央和地方各项事务支出分担比例

项目	国家财政支出（亿元）	中央支出		地方支出	
		支出（亿元）	占比	支出（亿元）	占比
一般公共服务	10987.78	903.01	8.2%	10084.77	91.8%
教育	16497.33	999.05	6.1%	15498.28	93.9%

（续表 2-6）

项目	国家财政支出（亿元）	中央支出		地方支出	
		支出（亿元）	占比	支出（亿元）	占比
文化体育与传媒	1893.36	188.72	10.0%	1704.64	90.0%
社会保障和就业	11109.40	502.48	4.5%	10606.92	95.5%
医疗卫生	6429.51	71.32	1.1%	6358.19	98.9%
环境保护	2640.98	74.19	2.8%	2566.79	97.2%
农林水事务	9937.55	416.56	4.2%	9520.99	95.8%
交通运输	7497.80	331.11	4.4%	7166.69	95.6%
国土气象等事务	1521.35	231.61	15.2%	1289.74	84.8%
住房保障支出	3820.69	328.82	8.6%	3491.87	91.4%
其他支出	2911.24	74.99	2.6%	2836.25	97.4%

数据来源：《2012 年中国统计年鉴》

此外，根据政府间事权划分的原则，城市化导致的公共服务范围的扩大主要集中在由地方政府负担的领域。关于事权划分的原则，英国学者巴斯特布尔在财政学的奠基之作《公共财政》一书中提出了三个经典原则：受益原则，即全国普遍受益或关乎国家集体利益由中央支出，地方受益由地方支出；行动原则，政府行为需统一规划的属于中央，因地制宜型属于地方；技术原则，大范围规模、高技术性属于中央，一般性又需要适时监督的属于地方[1]。由城市化发展所引致的公共服务需求的扩大一方面集中在城市基础设施的建设以及城市环境的维护，一方面集中在有关城市居民的教育、卫生以及社会福利。因此，根据受益原则和行动原则，这些方面的

[1] C. F.Bastable. Public Finance.

事权和支出责任应当由地方政府负担。由此，城市化进程中公共服务需求的提高进一步加重了地方政府公共服务供给的负担。

综上所述，一方面由于财政体制的财权上移、事权下放，另一方面由于城市化进程中公共服务需求增加的领域与地方政府支出责任相匹配，导致地方财政的公共服务供给压力过大，面临财力不足的困境。

（三）地方财政缺口：地方投融资行为的形成分析

当公共服务需求和财政资源之间存在差距时，财政缺口的出现成为必然，即地方财政缺口可定义为：该地方公共服务支出需求和地方政府收入的差额。

首先，将地方政府公共服务的支出需求用如下公式表示：

$$E=\sum_i\left(\frac{E_i}{Q_i}\right)\left(\frac{Q_i}{P}\right)P=\sum_i e_i q_i P$$

其中：

E_i——第 i 项公共服务所需的支出

Q_i——第 i 项公共服务的需求量

P——人口

e_i——第 i 项公共服务所需的单位成本

q_i——每个居民对第 i 公共服务的需求量

其次，地方政府的收入用如下公式表示：

$$R=T+C+G$$

其中：T——税收，C——使用费和其他收入，G——向外筹借的收入（举债融资）

综上，地方财政缺口可表示为：

$$D=E-R=\sum_i e_i q_i P-(T+C+G)$$

在城市化加速发展的进程中，从地方政府公共服务支出需求方面看，首先，城市人口快速增长，在公式中表现为 P 增长；其次，城市化带来的收入效应促使每个居民对公共服务的需求量增加，即 q_i 增长；最后，高收入者和发达国家的“示范效应”促使了提供各项公共服务的单位成本进一步增长，即 e_i 的提高。另外，在我国公共服务供给以政府为主，多元化治理程度低，以及财政体制导致的事权和支出责任的下移等因素的影响下，地方政府公共服务支出需求大幅提高。

从地方政府的收入方面看，税收以及各项费用的增长有限且稳定，即公式中的 T 和 C 基本不变。显然，在地方政府公共服务支出需求大幅提高，但与此直接相关的地方财政收入没有同步增加的情况下将产生地方财政缺口。从地方政府收入公式中可知，弥补地方财政缺口的可行办法只能通过举债融资的方式，即提高 G 来完成。然而，由于我国预算法禁止地方政府举债，为了弥补城市化和体制原因综合作用产生的地方财政缺口，地方政府只能另寻他途——通过组建投融资平台的方式进行大规模融资。这种不规范的大规模融资行为形成了大量的、实际的政府性债务，加大了地方债务风险和财政风险。

四、小结

城市化的两大特征表现为城市空间规模的外延扩张和全社会公共服务需求的大幅提高。在我国财政体制、公共服务供给机制以及土地制度等制度性因素的影响下，这两大特征像一剂强心针，在我国地方财政风险的形成路径中起到了关键的推动作用。

随着土地制度的变迁，在当前土地制度框架下，地方政府在城市土地市场中从仅行使行政职能的“政府人”角色转变为掌握了城市土地和农村集体土地产权实际剩余控制权，且具有“政府人”和“经济人”双重特征的主导者，城市化进程中城市规模的外延扩张进一步稳固了地方政府在土地市场中主导者的位置，使地方政府“经济人”属性充分显现，为地方“土地财政”的形成提供了充足的前提条件。而“土地财政”本身是一种不可持续的财政模式，具有一定的风险性。此外，我国公共服务供给机制决定了公共服务供给主体为政府主导，且 1994 年财政体制改革后的财权上收和事权下移，使得地方政府承担了城市公共服务供给的主要职责，当城市化使全社会公共服务需求大幅提高时，地方政府公共服务供给责任过重，体制性因素造成的财力不足使地方财政困境凸显。由于我国《预算法》规定地方政府没有自行发债权，地方政府依靠土地进行投融资的地方投融资平台如雨后春笋般在全国范围内纷纷成立，规模巨大。

由于“土地财政”是一种非常规的财政发展模式，在这种模式下，财政收入主要依赖于有限的土地资源而不是稳定的税收，因此，“土地财政”不具备长远意义的可持续性，蕴含着财政风险；另外，地方投融资平台是地方政府一种不规范的举借债务的手段，对其管理、监督不足以及和银行贷款的密切联系，地方投融资平台的大规模发展加大了地方财政风险形成的可能。

第三章

地方“土地财政”的财政风险分析

“土地财政”是近年来不断出现的一个新术语，随着我国财税制度改革、土地使用有偿化改革、住房商品化改革等一系列改革措施的推行，以及近10年来房地产业迅猛发展，“土地财政”开始成为各方持续关注的焦点。关于“土地财政”的提法，财政部副部长王保安在《人民日报》撰文称，“简单地提‘土地财政’，既不客观，也不科学，还容易误导决策”。他认为，从土地的出让计划审批到土地价格的形成，再到纯收益形成，都不属于财政职能范围，甚至与财政部门没有直接关系，只是最后集中统计反映为政府财政收入。但是，不少学者则认为，在近十多年来的城市扩张中，一直伴随着地方政府主导的“土地财政”问题。燕京华侨大学校长华生老师在由国家发改委城市和小城镇改革发展中心、财讯传媒集团、北京大学国家发展研究院联合主办的“2012中国城市发展论坛”中提出，关于财政部对“土地财政”提法的诟病，他持不同观点；中国土地学会副理事长黄小虎、北京大学国家发展研究院教授、博源基金会学术委员周其仁在“《财经》年会2013：预测与战略论坛”上也指出——土地财政是个现实问题。综合以上关于“土地财政”提法的争议，本书认为，不应将“土地财政”所指的问题狭义地归结为财政的收支问题，它不是一个孤立的财政现象，而是在高速城市化、工业化进程中土地巨大的增值收益如何在各级政府、房地产开发商、农民、城镇购房者之间分配，各方如何博弈以及由此衍生的种种经济社会问题。由于地方政府在农地征用市场上的行为——农村集体土地性质的转变是地方政府通过土地获得财政收入的一个重要依托，也是土地增值收益在农民和地方政府间分配的过程，因此本书认为“土地财政”的含义应该包括两方面：一是地方政府在农地征用市场上的行为——征地、拆迁所导致的社会问题，二是地方财政依靠土地为主要收入来源的财政收支问题。

一、征地、拆迁可能引发的财政风险分析

2004 年 3 月的《宪法》修正案和《土地管理法》均明确规定，国家为了公共利益的需要，可以依照法律规定对土地实行征收或者征用，并给予补偿。农业部和国务院发展研究中心统计数据表明，1991–2005 年，我国共征地 5084 万亩，按照《全国土地利用总体规划提要》，2000 年到 2030 年的 30 年间，我国占用的耕地将超过 5450 万亩，如果算上各地事实上违规占用的土地，这一数字将会更大[1]。由于土地被征用，目前我国已有大量的失地农民，据学者初步估算，目前大概有 7200 多万[2]。从经验数据看，每征用 1 亩土地，就会产生 1.5 个失地农民，如果按照每年非农建设占用耕地 250–300 万亩的速度推算，每年大约会增加 375–450 万失地农民。据预测，2020 年我国失地农民总数将超过 1 亿。对于城市化进程中“失地农民”群体的出现，一方面，失地农民生存保障方面的支出将加大财政成本，失地农民真正转变为市民的过程可能造成财政困境；另一方面，农民与政府权力的不对等导致农民在征地过程中的利益难以保障。近年来，为维护自身利益引发的各种群体性事件、极端性事件频发，由此产生的各种社会问题与矛盾不断汇集。

---

[1] 李冬梅，钟永圣 . 论我国城市化进程中失地农民的社会保障问题 [J]. 财政研究，2010(5):60.

[2] 关于失地农民数量，有学者在 2004 年就提出大约为 4000 万左右；根据其他学者对每年新增失地农民数量的估算，本书推算出当前我国失地农民数量大约为 7200 万左右。

（一）征地、拆迁导致的失地农民的生存保障现状

1. 征地补偿机制的缺陷及问题

（1）被征地农民补偿安置办法的历史沿革

我国被征地农民补偿安置政策制度最早应追溯到 1950 年，《城市郊区土地改革条例》中提出了对被征地的农民应给予适当的补偿和安置。具体为，国家在收回由农民耕种的国有土地或私人所有的农业土地时，应给耕种该项土地的农民以适当的安置和补偿，或以相等的国有土地调换[1]。该条例提出了应当给被征地农民以适当的安置和补偿，但并没有提出具体的补偿标准和安置措施。1953 年，出台了新中国第一部关于土地征用比较完整的法规——《中央人民政府政务院关于国家建设征用土地办法》。该办法在提出补偿和安置原则的基础上，对被征地农民的补偿标准和安置办法进行了规定：补偿费以其最近三年至五年产量的总值为标准，另外还包括被调剂土地的农民的迁移补助费、土地上的附着物及农作物的补偿；当地人民政府必须负责失地农民的安置，包括协助解决农民继续生产所需之土地和协助转业两方面；用地单位也应尽可能吸收其参加工作[2]。

1956 年，随着社会主义改造的基本完成，农村土地制度也发生了根本性变革，农村土地由私有制转变为集体所有制。相应的，国家对《国家建设征用土地办法》进行了修订，补偿标准从“最近三年至五年的产量总值为标准”降为“最近两年至四年的产量总值为标准”。尽管补偿标准有所降低，但关于征地的原则，该办法更加注重农民的切身利益。该办法规定，如果对被征用土地者一时无法安置，应该等待安置妥善后再行征用，或者另行择地征用。

1978 年，随着改革开放的顺利进行，国民经济建设全面复苏，建设用地大幅增长，为适应新形势的需要，1982 年，国务院公布施行了《国家建设征用土地条例》。该条例进一步对补偿标准和安置办法做出修改。补偿标准改为被征耕地前三年的平均年产值的三至六倍，首次提出了安置补助费的规定，具体为：每个农业人口的安置补助费标准为该耕地每亩年产值的二

[1]《城市郊区土地改革条例》，1950 年。

[2]《中央人民政府政务院关于国家建设征用土地办法》，1953 年。

至三倍，上限为其年产值的十倍。土地补偿费和安置补助费的上限为被征土地年产值的二十倍。此外，该条例还首次提出，因征地造成的农业剩余劳动力由县、市土地管理机关组织被征地单位、用地单位和有关单位分别负责安置[1]。1986 年，在采纳了《国家建设征用土地条例》的大部分规定的基础上，全国人大常委会通过了《中华人民共和国土地管理法》。该法进一步完善了对安置办法的规定，安置途径主要包括：一是发展农副业生产和创办乡镇企业吸纳多余劳动力；二是用地单位或者其他集体所有制单位要尽可能地为其提供就业机会，当地政府对吸纳劳动力的单位进行相应的安置补助[2]。

1998 年，国家对《土地管理法》进行了大规模修订，在补偿标准上有所提高，土地补偿费由之前的耕地年产值的三至六倍变为六至十倍；安置补助费由每亩年产值的二至三倍变为四至六倍，补助上限从十倍提高到十五倍；土地补偿费和安置补助费的总额上限也从二十倍提高到了三十倍。但是，关于被征地人员的安置问题，新法没有明确规定具体安置措施，弱化和简化了地方政府和征地单位对被征地农民的安置责任。1998 年《土地管理法》一直沿用至今，显然，该法已严重滞后于现实情况，不能很好地解决被征地农民的基本生活和长远生计问题。

（2）征地补偿安置办法存在的缺陷及问题

① 土地所有者与政府的权利不对等，导致土地征用权滥用现象普遍

第一，我国《土地管理法》赋予政府征地的权力，却没有明确土地所有者——农村集体经济组织在土地征用中具有哪些权利。政府负责制定征地的程序、补偿方案并公示，集体经济组织和农民没有实际参与。公示后对农民提出的意见也只在确需修改的情况下才改动补偿方案，基本将农民排除在协商机制外，极大地限制了农民的知情权和参与权。在整个农村土地转变为建设用地的过程中，原来的土地所有者没有能力、也没有权利对属于自己的土地表达意愿。这种在权利上的不平等，导致政府滥用征地权、定价权，对政

[1]《国家建设征用土地条例》，1982 年。

[2]《中华人民共和国土地管理法》，1986 年。

府的权力没有行之有效的约束。

第二，相关法律对政府具体权利的界定模糊不清，导致对政府不规范行为的法律约束减弱。《宪法》明确规定征地的前提是为了“社会公共利益的需要”，但没有明确界定公共利益。在没有法律依据约束的情况下，出现了政府为非公共利益而征用土地的征用权滥用行为。在我国房地产市场带动GDP增长的现实背景下，地方政府为促进地方GDP的增长，通过大量征用土地达到其商业目的或营利性目的，同时一些私人投资经营性项目也“搭乘”公共利益这辆“便车”，请求政府行使征地权[1]。

第三，目前关于征收集体土地房屋拆迁，仅以《城市房屋拆迁管理条例》为参照，拆迁程序混乱、补偿标准不规范。“征地价格剪刀差”进一步导致了政府在征用土地时利用行政强制力、违规等滥用征地权的问题。

②征地补偿标准不合理，安置办法不具体、可操作性差

征地补偿标准不合理的根源在于，我国采用“征地补偿”的方式获得土地所有权，缺乏制度意义上的合理性。制度经济学认为：所有权具有排他性，只有通过市场交易才能改变其权属关系。所有权应通过交易买卖被让与和取得，交易价格是双方协商一致的结果[2]。而我国农地征用市场上，由于交易主体间权利的不平等，无法通过市场交易的形式实现所有权的转化，因此，补偿标准出现了由强势主体自行决定的不合理状态。主要表现在两方面：一是以原土地产值作为征地补偿标准不合理。《土地管理法》中规定，以土地作物的产值的一定倍数作为补偿标准。由于农产品价格低廉，按其倍数测算出的补偿标准与目前农民实际收入相差巨大，无法维持失地农民的现有收入水平，更不能解决失地农民未来的社会保障问题。目前的补偿标准显然无法适应农村社会经济的发展，与被征地农民的生产生活需要也严重脱节。二是征地补偿没有包含土地增值部分。马克思的地租理论将地租分为绝对地租和级差地租，绝对地租是土地所有权的体现，即

[1] 张玉阳.城市化背景下我国征地补偿标准的实证研究——以重庆市为例[J].广东农业科学，2012（2）.

[2] 康芒斯.制度经济学(上册)[M].北京：商务印书馆，1994:105.

租种任何土地都必须缴纳的地租；级差地租也称区位地租，是指租用、利用较优土地所获得的归土地所有者占有的超额利润，按照级差地租形成的条件，又可分为级差地租Ⅰ和级差地租Ⅱ。级差地租Ⅰ是因利用区位较优和地质条件较好的土地所产生的超额利润转化成的地租，是由于土地的先天自然条件所形成的；级差地租Ⅱ是在土地上连续追加投资、改善土地条件，形成劳动生产率不同而产生的超额利润转化成的地租，是经过人们的后天努力所形成的。土地一经征收后，其用途的改变将产生规模较大的极差地租，也可称为土地的增值部分。根据级差地租Ⅰ和级差地租Ⅱ的形成特点，土地增值部分的级差地租Ⅰ应当归为土地所有者，级差地租Ⅱ应当由土地所有者和征地者共同所有。而我国按照农产品产值制定的征地补偿标准，显然完全没有考虑农地性质改变后的增值部分，导致土地所有者利益大幅受损。

另外，关于被征地人员的安置问题，现今使用的《土地管理法》没有提出具体安置措施，不具有实际可操作性。

③ 征地补偿纵向分配不公，农民利益进一步受损

征地补偿收益在政府、集体经济组织以及农民个体之间分配不合理。由于我国农村土地集体所有，当农村土地被征用时，受偿的主体只能是集体经济组织，个人承包经营农户不能直接作为受偿的主体，只能在集体经济组织中受偿。有关数据显示，目前土地征用补偿费用中市县政府拿走 70% 以上，承担劳动安置的单位和村委会所得占 20%，而农民个人所得仅占 5%–10%[1]。另外，在农村集体进行补偿分配的过程中，偏低的补偿标准成为每个农民的争夺目标。由于集体组织内部没有明确和完善的法律法规作为分配依据，借助自治权力剥夺他人土地补偿费，造成分配不公的情况屡见不鲜，导致越级上访或群体上访事件增多。

综上所述，我国征地补偿机制存在政府征地程序不规范、征地权滥用、补偿标准偏低、安置办法不具体以及补偿收益纵向上分配不合理等问题，导

[1] 张玉阳．城市化背景下我国征地补偿标准的实证研究——以重庆市为例 [J]. 广东农业科学，2012(4):231.

致了失地农民的生存现状以及未来发展保障的缺失。

2. 征迁后失地农民的生存及公共服务供给现状

（1）失地农民生存现状

① 失地农民的收入、支出流变化情况

农民失地，失去的不仅是土地本身，还包括经济权利的渐进式缺失，政治权利的剥夺性丧失以及社会权利的弱化性丧失。由此，农民失地后收入能力的损失是显而易见的。

2003 年，九三学社进行的一项调查表明，由于土地被征用，失地农民生活水平得到提高的只占 10% 左右，维持征地前水平的占 30% 左右，而 60% 以上的失地农民生活水平下降或基本上没有收入来源 [1]。

安徽省财政厅调研组 2006 年对安徽省无为县、庐江县、含山县、和县、巢湖市居巢区和宿州市埇桥区 6 县（区）的调研结果表明，农民失去土地后，生活水平普遍下降，主要表现为收入的下降以及生活方式改变后支出的增加。尤其是对以农业生产收入为主的农民产生了较大影响，对个别农户特别是一些孤、老、病、残人员的基本生活的影响更为严重。庐江县抽样调查 22 个农户，失地前年人均收入 4113 元，失地后仅 2562 元，下降幅度达 37.7%[2]。

根据袁芳、蔡银莺对武汉市江夏区五里界镇的调查显示，2010 年，相比失地前，该镇失地农民的农业收入普遍下降，支出普遍上升。如表 3-1 所示，农民失去土地后，收入在 4000 元以下的从之前的 29.75% 上升到 53.98%；收入在 4000 元以上的有不同程度的下降。支出在 400 元以下的从 27.88% 下降到了 18.27%，而在 2000 元以上的则从 9.62% 上升到了 19.23%[3]。

[1] 潘光辉 . 失地农民社会保障和就业问题研究 [M]. 广州：暨南大学出版社，2009:32.

[2] 安徽省财政厅调研组 . 关于失地农民保障机制建设的调研报告 [J]. 财政研究，2006(10):35.

[3] 袁芳，蔡银莺 . 城市近郊被征地农民的福利变化及个体差异——以江夏区五里界镇为实证 [J]. 公共管理学报，2012(4):77-78.

表 3-1 2010 年武汉市江夏区五里界镇农民失地前后收入和支出对比表

科目	金额	失地前	失地后
收入	4000 元以下	29.75%	53.98%
	4001-8000 元	35.54%	28.93%
	8001-12000 元	19.01%	10.74%
	12001-16000 元	10.74%	3.31%
	16001-20000 元	1.65%	1.65%
	20001 元以上	3.31%	2.48%
支出	400 元以下	27.88%	18.27%
	2000 元以上	9.62%	19.23%

数据来源：袁芳，蔡银莺．城市近郊被征地农民的福利变化及个体差异——以江夏区五里界镇为实证 [J]. 公共管理学报 ,2012(4):77-78

另外，也有部分调查结果显示，城市郊区部分农民生活水平在失地后有上升现象，但从大多数资料的调查结果来看，仍然有绝大多数的失地农民面临生活水平下降的困境。

② 失地农民的就业情况

农民以土地为生，务农是农民最基本的谋生手段，失去土地后的农民首先面临的就是就业问题。失地农民就业困难主要由于长期以来缺少接受较高水平的教育和培训机会，文化素质和知识技能普遍低下。根据唐杰在湖南省株洲市石峰区某街道的实地调查结果显示，由于失地农民呈现出年龄结构老化，以及教育程度整体偏低的问题（劳动年龄段接受高中及中专以下教育的占 69%，35% 的人只接受过小学教育），失去土地后很难适应新的环境，难以找到新的工作岗位，即使部分用地企业迫于政府压力短期内接受了失地农民进厂务工，但是由于多种原因这些人很快又成了优先下岗的对象[1]。王蒙徽

[1] 唐杰．城市化进程中失地农民社会救助体系研究 [D]. 中南大学，2011:27.

在对广州番禺地区失地农民的随机调查结果显示，已就业失地农民工作的不稳定性较大。最近一次失业时间为半年的约占 37%，半年到一年的达 22%，即在一年之内失业人数已达到 59%，而一年以上失业的人口占了 13%，也就是说，短期内，只有约四分之一的失地农民没有失业[1]。

就业技能的缺乏是制约失地农民就业的最根本原因，技能的缺失使失地农民在劳动力市场上的竞争力非常有限，因此，要通过市场化就业和自主择业来解决失地农民的劳动就业问题往往非常困难。

③ 失地农民的社会保障问题

农村土地对农民而言不仅是生产资料，还是长期生活来源的保障，并充当了农村失业和养老保障的主要承担者。因此，农民的基本社会保障参与程度低，当失去土地后，就失去了基本的社会保障，如失业保障、医疗保障以及养老保障等。根据王蒙徽对广州番禺地区失地农民的调查研究显示，被征地农民约有 61% 没有参加任何社会保险。在苏楠等人对湖北省 344 名失地农民的调查结果中，农民失地之前均没有参加养老保险和医疗保险，主要依靠土地、子女储蓄来应对养老和健康问题。失地后，有 101 人参加了养老保险，219 人参加了医疗保险，分别占总人数的 30% 和 60% 左右[2]。舒建中在浙江省瑞安市调查的 100 户 366 名失地农民中，参加社会养老保险 136 人，医疗保险 75 人，失业保险 47 人。占总人数比重分别为 37.1%、20.5% 和 12.8%。参加两种保险的仅有 8.7%，参加三种保险的更少，仅 4.4%[3]。

（2）失地农民的公共服务供给状况

城市化的外延扩张导致城乡结合部的土地成为了主要征用对象，失地农民主要生活在城市近郊的城乡结合部。以下从北京市城乡结合部——从十四个区中随机抽取城乡交界处的若干个乡（镇），包括朝阳区的高碑店乡，丰台区的南苑、卢沟桥，石景山的鲁谷、苹果园等共 26 个乡（镇）的情况来

[1] 王蒙徽．广州城市发展中失地农民城市化的问题研究 [M]. 北京：中国建筑工业出版社，2011:75.

[2] 苏楠，胡颖森．对湖北省失地农民社会保障状况的调查研究 [J]. 湖北经济学院学报（人文社会科学版），2007(6):93-94.

[3] 舒建中．浙江省瑞安市失地农民社会保障体系研究 [D]. 南京农业大学，2010.

看失地农民的公共服务供给状况[1]。

① 基础设施的提供状况

基础设施的建设及完善与居民生活质量息息相关，调查显示，居民对基础设施建设十分重视，有 60.79% 的受访者表示基础设施的完善程度对生活质量的影响比较大或很大。

表 3-2　北京市城乡结合部居民对基础设施建设的满意度调查表

基本项目	非常满意	比较满意	不太满意	非常不满意
道路状况	14.02%	35.12%	43.62%	7.24%
公共交通	11.81%	37.01%	47.40%	3.78%
自来水供应	23.62%	42.05%	32.28%	2.05%
供电状况	22.20%	51.81%	24.25%	1.73%
路灯设施	15.91%	40.00%	38.11%	5.98%
公共卫生状况	8.35%	27.72%	54.81%	9.13%
文化活动场地设施	6.93%	28.66%	58.42%	5.98%

数据来源：姜爱华，马静．城乡结合部公共服务供给的财政政策研究 [M]. 北京：经济科学出版社，2012

从表 3-2 中可以看出，在对各项基础设施满意度调查中，受访者普遍表示对自来水供应以及供电状况非常满意或比较满意，满意度达到了 65.67% 和 74.01%。说明当地的生活用水可以得到有效保障，电力设施的提供比较完善，能够满足大部分居民的生活需求。道路状况、公共交通、路灯设施情况依然不太理想，将近 50% 的受访者对道路状况和公共交通不太满意，38.11% 的受访者对路灯设施不太满意，且有 7.24% 的受访者对道路状况非常不满意。最值得关注的是文化活动场地设施和公共卫生状况，二者满意度均非常低，超过 50% 的受访者认为其状况不太满意，而对公共卫生状况表

[1] 姜爱华，马静．城乡结合部公共服务供给的财政政策研究 [M]. 北京：经济科学出版社，2012.

示非常不满意的受访者占到了 9.13%，是七种基础设施建设中最差的一项，由此反映了当地公共卫生状况较差、文化活动场地设施稀缺，难以满足当地居民生活需求的现状。

②义务教育的供给状况

根据调查结果显示，有 14.6% 的受访者对城乡结合部的义务教育表示非常满意，33.4% 的受访者比较满意，51% 的受访者认为不太满意或非常不满意，其中非常不满意的为 5.4%。51.18% 的受访者反映城乡结合部与城区义务教育水平差距较大，15.12% 的受访者认为差距很大。35.43% 的受访者认为城乡结合部义务教育存在最大的问题是师资力量不够，24.88% 的受访者认为当地学校数量少，22.99% 的受访者认为义务教育费用较高。结果表明，一半以上的受访者认为政府提供的义务教育不能满足需求，学校教育质量与家庭居民需求仍存在差距。

③ 社会保障的供给状况

在对目前社会保障状况满意度评价这一问题的调研中，有 40.61% 的受访者表示非常满意或比较满意，有 59.39% 的受访者表示一般或不满意，说明了有近 60% 的居民认为目前社会保障的供给不够完善。其中，有 66.51% 的受访者表示他们享有的社会保障水平低、覆盖面小，26.07% 的受访者认为保障项目少。另外，调查中发现，当基本生活遇到困难时，城乡结合部大部分的群体还是向亲戚求助，这占到了受访者的 60.47%，也有 22.05% 的受访者表示会向朋友求助，只有 14.49% 的受访者表示会向政府求助。由此可知，当前的城乡结合部的居民对政府部门信心不足，并存在一定的偏见。

综上所述，一方面，失地农民的生活现状基本表现为生活水平下降（收入水平下降、支出的增加），就业情况不稳定、不乐观以及未被很好地纳入到国家社会保障体系中。另一方面，失地农民的公共服务供给不完善，不能满足失地农民的有效需求。主要表现为：一是必需的基础设施供给基本能满足居民需求，如水、电的供应，而提高居民生活质量的基础设施供给相对落后，尤其是公共卫生状况的维护以及娱乐设施场地的提供；二是义务教育供给不能很好地满足居民需求，和城区义务教育水平差距较大，存在师资力量不够、学校数量少以及义务教育费用较高等问题；三是社会保障供给不够完善，社保水平低、覆盖面小、保障项目少，居民表现出对政府社会保障供给信心不足的特点。

（二）失地农民可能造成的财政困境及压力评估

地方政府是地方公共服务的主要供给者和社会稳定的维护者，改善失地农民生活状况、完善对失地农民的公共服务供给成为地方政府不可推卸的责任。在失地农民转变为城市市民的过程中，给地方财政带来的成本和压力显而易见，存在风险隐患。

衡量农民是否真正转变为城市市民的标准主要包括两方面，一是农民是否享受和城市居民相同的福利待遇；二是农民是否享受和城市居民相同的基本公共服务，主要体现在文化教育、医疗卫生以及其他公共设施方面。以下将从失地农民的福利改善和生存环境改善（满足基本公共服务需求）两方面来评估地方财政的支出压力。

1. 地方财政弥补福利差异的成本压力评估

（1）估算方案

中国现行的社会救助制度具有显著的区域分隔特征，福利系统的覆盖范围及覆盖程度在农村居民和城市居民之间差别明显，数量庞大的失地农民一直被排斥在城市的社会救助制度之外，没有享受到城市居民的基本福利。要使失地农民真正转变为城市市民，就应当将失地农民全部纳入到当地的社会救助系统，在陷入贫困时得到当地福利系统的支持。由此，当地福利系统将需要增加社会救助资金开支，以覆盖区域新增的贫困人口。本书以制度运作开支的资金增量,代表失地农民的贫困问题所形成的财政压力[1]。由于失地农民转化为城市市民后，不可能全部沦为贫困人口，因此，资金增量主要取决于失地农民中可能成为贫困人口的数量，以及城市和农村的社会救助福利水平差异。由此出发，地方财政弥补福利差异的成本评估模型包含两个主要变量：一是城市和农村的福利水平差异，即城市和农村社会救助福利水平的金

[1] 吴伟东．城市化进程中移民贫困问题与财政压力估算 [J]. 人口与经济，2011(6).

额差异；二是失地农民中可能成为贫困人口的数量，即城市社会救助系统所需要覆盖的额外人口数量。具体的估算公式如下：

$C_W=D\times P$

其中：$P=N\times\alpha$

C_W——失地农民变为城市市民后福利开支的资金增量

D ——城市和农村福利水平差异

P ——失地农民中可能成为贫困人口的数量

N ——失地农民数量

α ——贫困发生率

由于我国现行的社会救助制度涉及广泛的内容，针对城市和农村的项目各不相同，要对城市和农村的社会救助福利水平差异进行金额上的总体估算存在较大的操作难度。但是，目前制度对贫困群体的救助以最低生活保障制度作为主体项目，可以说，该项目的福利水平构成了社会救助制度的主要福利水平。因此，本书将最低生活保障制度的保障标准作为计算城市和农村社会福利水平差异的依据[1]。

此外，关于失地农民中可能产生的贫困人数的确定，根据目前的几种经验方法，较为常用的是依据以往的经验数据，如城市人口贫困发生率——城市贫困人口[2]占城市总人口比重，来计算失地农民转变为城市居民后可能出现的贫困人口数量。

（2）数据资料

本书采用政府部门公布的统计数据，以及政府和学术界的研究报告、成果进行分析。根据各学者关于失地农民数量的估算及推算，得到我国目前失地农民数量为 7200 万左右，同时以每年 400 万左右的速度增长[3]；从国家民政部公布的社会服务统计数据中选取了 2011 年全国各省（自治区、直辖市）的城市最低保障标准和农村最低保障标准数据。

---

[1] 吴伟东 . 城市化进程中移民贫困问题与财政压力估算 [J]. 人口与经济，2011(6).

[2] 贫困人口的确定：将城市最低保障标准作为贫困线，收入低于贫困线的城市人口即为贫困人口。

[3] 推算依据在前文中已提及。

（3）估算结果及说明

依据国家民政部公布的数据，2011 年全国 31 个省（自治区、直辖市）的农村最低保障标准的平均值为 207.2 元 / 月，与城市地区平均值 350.6 元 / 月的标准相比，存在 143.4 元的差距，如表 3–3 所示。各省（自治区、直辖市）的差距各不相同，差距最小的是海南省，为 85.7 元 / 月，差距最大的是西藏地区，高达 275.1 元 / 月。

表 3–3　我国各省市农村与城市福利水平差异比较表

单位：元 / 月

省市	城市低保标准	农村低保标准	城市农村差异	省市	城市低保标准	农村低保标准	城市农村差异
全国平均值	350.6	207.2	143.4	河南	233.2	104.5	128.7
北京	500.0	383.1	116.9	湖北	293.8	121.3	172.6
天津	480.0	330.0	150.0	湖南	243.2	114.4	128.8
河北	310.0	138.5	171.4	广东	285.9	196.0	89.8
山西	268.6	118.3	150.3	广西	241.3	102.2	139.2
内蒙古	343.5	198.8	144.7	海南	299.9	216.2	83.7
辽宁	311.7	162.0	149.7	重庆	298.3	157.2	141.1
吉林	254.2	123.5	130.7	四川	242.1	109.8	132.3
黑龙江	277.8	124.3	153.5	贵州	270.9	120.8	150.1
上海	505.0	360.0	145.0	云南	248.3	122.4	125.9
江苏	385.8	299.9	86.0	西藏	355.8	80.7	275.1
浙江	429.2	294.5	134.8	陕西	306.2	134.3	171.9
安徽	296.7	149.1	147.6	甘肃	207.4	91.0	116.4
福建	274.4	142.8	131.6	青海	235.8	121.2	114.6
江西	308.1	142.1	166.0	宁夏	244.3	95.4	148.9
山东	314.2	141.7	172.5	新疆	200.4	90.9	109.5

数据来源：中华人民共和国民政部网站

关于失地农民中可能产生的贫困人口数量，目前只能依据相关数据进行粗略的估计。在全国失地农民大致数量已知的基础上，只要确定城市人口贫困发生率，就能估算出城市失地农民中可能产生的贫困人口数量。城市人口贫困发生率是城市贫困人口占城市总人口的比重。以城市最低生活保障标准作为贫困线，即收入未能达到贫困线的城市人口被视为贫困人口，2007 年全国城市地区的贫困人口占城市总人口的 5.4%[1]，贫困发生率为 5.4%。按这个比例计算，全国 7200 万失地农民中可能产生的贫困人口数量为 388.8 万人。将以上数据代入估算公式，得到每年全国失地农民转变为市民后可能给地方财政带来的支出增量，即支出成本压力。

C_W=143.4 元 / 月 × 388.8 万人 × 12 月 =669047.04 万元 =66.9 亿元

由以上计算可知，每年由失地农民带来的资金增量为 66.9 亿元。根据民政部门数据统计，2011 年全国地方财政在城市最低生活保障方面的支出为 157.7 亿元，那么，失地贫困人口在财政上形成的新增开支，相当于 2011 年全国地方财政城市最低生活保障支出的 42.4%。而且，上述数据仅针对了失地农民中的贫困人口，仅是地方财政在最低生活保障方面的支出增量。随着经济的发展和人民生活水平的日益提高，社会救助的目的不仅是满足贫困人口的生活保障问题，更重要的是居民整体生活质量的提高。我国的社会保障体系的内容除了最低生活保障外，还有医疗保障、养老保障以及失业保障等。在失地农民转变为城市市民的过程中，他们也需要得到和城市居民相同的医疗保障、养老保障以及失业保障，这些变化导致的开支增量将大大高于最低生活保障支出增量，将进一步加大地方财政在社会保障方面的支出压力。同时，农民转变为市民过程中，加入城市社会保障体系的申请、核实、审批和监督等行政方面的开支将进一步加大。

另外，由于无法得到各省（自治区、直辖市）的失地农民数量，以上仅对全国地方财政的总体状况进行了分析。由于每个省（自治区、直辖市）的失地农民规模不同、城市贫困发生率以及农村最低生活保障标准和城市最低

[1] 岳经纶，翁慧怡．地方最低生活保障制度研究：广东的案例［J］．社会保障研究，2010(2)．

生活保障标准的差距也有所差异，其所面临的财政压力也各不相同。失地农民规模较大、城市贫困发生率较高以及农村最低生活保障标准和城市最低生活保障标准差距较大的省份财政压力相对较大。根据表 3–3 的数据显示，西藏自治区、湖北省、山东省、河北省以及陕西省的农村最低生活保障和城市最低生活保障差距较大，均高于 170 元 / 月，尤其西藏自治区高达 275.1 元 / 月，如果在失地农民规模和城市贫困发生率基本相同的情况下，这些地区将面临较大的财政支出压力和风险。

2. 地方财政完善城市基本公共服务供给的成本压力评估

城市化进程中，随着农民转变为城市市民，对城市交通、供电、供暖、给排水、通讯、环境和防灾等基础设施的建设有了更高的需求，尤其是对和居民生活质量息息相关的、与人力资本素质和技术水平提高相关的基本公共服务的需求大大增加，诸如文化教育、医疗卫生和公共服务设施等内容。文化教育、医疗卫生和公共服务设施水平是居民生活质量的主要衡量标准，能发挥城市的集聚性，是保障城市正常运转的主要方面。由于我国城乡公共服务供给水平差距较大，尤其在教育和医疗卫生方面，若地方财政为失地农民提供和城市居民相同的公共服务，则将产生较大的资金增量，本书将开支的资金增量，代表地方财政为完善失地农民公共服务供给的成本压力。以下将分别从文化教育和医疗卫生两方面设立模型对其进行评估。

（1）文化教育供给的成本压力评估

① 估算方案

文化教育供给的成本压力评估模型通过比较城市教育人均支出和农村教育人均支出的差异，根据失地农民的数量，测算出当失地农民享受城市居民的教育水平时，给地方财政带来的教育支出方面的资金增量，从而评估其成本压力。在核算教育投入时，城市教育投入涉及高等教育、中等职业教育、普通中学教育、小学教育和学前教育五类；由于高等教育、中等职业教育集中在城市，而农村学前教育基本以个人家庭为主，政府对学前教育的投入基本没有顾及农村区域，因此，农村教育投入主要包括普通中学教育和小学教育两类。评估模型主要包括三个变量：一是各类学校教育投入情况；二是各类学校在校生人数；三是每万城市人口/农村人口的各类学校学生人数比例。根据这三个变量的城市和农村属性，分别得出城市教育人均投入和农村教育人均投入的差距，最后代入失地农民数量测算出失地农民转变为城市居民后教育方面的开支增量。评估模型如下。

$$C_e = C_u - C_r$$

$$C_u = A_u \times M$$

$$C_r = A_r \times M$$

$$A_u = \sum_{i=1}^{n}((E_{ui}/X_i)\times N_i))/10000.......(i=1,2,..,5)$$

$$A_r = \sum_{j=1}^{n}((E_{rj}/Y_j)\times N_j)/10000.......(j=1,2)$$

C_e——失地农民转变为城市居民后教育方面的开支增量

C_u——失地农民享受城市教育水平的教育投入成本

C_r——失地农民接受农村教育水平的教育投入成本

A_u——城市教育人均投入成本

A_r——农村教育人均投入成本

M——失地农民规模

E_{ui}——城市教育中第 i 类学校投资总额

X_i——城市第 i 类学校的在校学生人数

N_i——每万城市人口中第 i 类学校学生人数比例

E_{rj}——农村教育中第 j 类学校投资总额

Y_j——农村第 j 类学校的在校学生人数

N_j——每万农村人口中第 j 类学校学生人数比例

② 数据资料

本书采用政府公布的以及各类统计年鉴中的统计数据进行分析。各类城市教育支出经费、农村教育支出经费从《2010 年中国教育经费统计年鉴》[1]数据中整理而得；城市各类学校在校学生人数、农村各类学校在校学生人数

[1] 由于《2010 年中国教育经费统计年鉴》是目前能查到的最新的教育年鉴，所以在教育投入成本资金增量测算中采用 2009 年的数据。

从《2010 年中国教育统计年鉴》数据中整理而得；每万城市人口在校学生比例以及每万农村人口在校学生比例根据《2010 年中国教育统计年鉴》和《2010 年中国统计年鉴》整理而得。表 4–4、表 4–5 分别为城市教育投入情况和农村教育投入情况。

表 3–4　2009 年城市教育投入情况表

教育类别	城市教育支出（万元）	城市在校学生人数（人）	城市生均支出（万元）	每万人城市人口在校学生数（人）
高等教育	46533113.7	29216733	1.59	453
中等职业教育	11770866.2	18164447	0.65	282
中学	27756720.3	16231293	1.71	892
小学	14872880.0	15986038	0.93	712
幼儿园	2420563.8	1771961	1.37	461

数据来源：《2010 年中国统计年鉴》《2010 年中国教育统计年鉴》《2010 年中国教育经费统计年鉴》

表 3–5　2009 年农村教育投入情况表

教育类别	农村教育支出（万元）	农村在校学生人数（人）	农村生均支出（万元）	每万人农村人口在校学生数(人)
中学	19921895.5	53538042	0.37	282
小学	27104642.7	77476213	0.35	776

数据来源：《2010 年中国统计年鉴》《2010 年中国教育统计年鉴》《2010 年中国教育经费统计年鉴》

将表 3–4 和表 3–5 进行对比可以看出，城市教育供给和农村教育供给差距较大。一方面，从各类学校的生均支出来看，城市学校的生均支出远远高于农村学校。城市中学和小学的生均支出分别为 1.71 万元和 0.93 万元，而农村中学和小学仅为 0.37 万元和 0.35 万元，只有城市支出的 21.6% 和 37.6%；另一方面，从每万人口在校学生数来看，农村人口受教育程度也远远不如城市人口。在每万城市人口中有中学生 892 人，而在每万农村人口中仅有中学生 282 人。

③ 估算结果及说明

根据估算模型以及已知数据，首先计算城市教育人均投入成本 A_u 与农村教育人均投入成本 A_r。

$$A_u=\sum_{i=1}^{n}((E_{ui}/X_i)\times N_i))/10000$$

$$=（1.59\times 453+0.65\times 282+1.71\times 892+0.93\times 712+1.37\times 461）/10000$$

=0.37 万元 / 人

$$A_r=\sum_{j=1}^{n}((E_{rj}/Y_j)\times N_j)/10000$$

$$=（0.37\times 282+0.35\times 776）/10000$$

=0.04 万元 / 人

如前文所述，我国当前失地农民的数量大约为 7200 万左右，将其代入模型测算出失地农民享受城市教育水平的教育投入成本 C_u 以及接受农村教育水平的教育投入成本 C_r，最终得出失地农民转变为城市居民后教育方面的开支增量 C_e。

$C_u=A_u\times M=0.37\times 7200=2664$ 亿元

$C_r=A_r\times M=0.04\times 7200=288$ 亿元

$C_e=C_u-C_r=2664-288=2376$ 亿元

由模型最终得出失地农民转变为城市居民后地方财政在教育方面的开支增量为 2367 亿元。当年地方财政在教育方面的总支出为 9869 亿元，开支增量相当于当年总支出的 24.0%。而且，有不少学者认为，7200 万的失地农民数量是保守估计的结果，部分学者甚至认为当前我国失地农民的数量已经超过了 1 亿人[1]。如果按 1 亿失地农民计算，资金增量将增长到 3300 亿元，相当于当年地方财政在教育方面总支出的 33.4%。由此可以推断出，失地农民市民化给财政带来了不小的支出压力。

[1] http://news.xinhuanet.com/house.

（2）医疗卫生供给的成本压力评估

①估算方案

医疗卫生供给的成本压力评估模型通过比较城市医疗卫生人均支出和农村医疗卫生人均支出的差异，根据失地农民的数量，测算出当失地农民享受城市居民的医疗卫生水平时，给地方财政带来的医疗卫生支出方面的资金增量，从而评估其成本压力。床均投资额是反映医院资源水平的重要指标，一般而言，床均投资额越高，医院医疗设备设施水平越高。评估模型主要包括三个变量：一是城市和农村的医疗卫生投入情况；二是城市和农村医疗卫生机构床位数；三是城市和农村每千人口医疗卫生机构床位数比例。根据这三个变量，分别得出城市医疗卫生人均投入和农村医疗卫生人均投入的差距，最后代入失地农民数量测算出失地农民转变为城市居民后医疗卫生方面的开支增量。评估模型如下。

$C_h=C_c-C_t$

$C_c=A_c\times M$

$C_t=A_t\times M$

$A_c=((E_c/B_c)\times P_c)/1000$

$A_t=((E_t/B_t)\times P_t)/1000$

C_h——失地农民转变为城市居民后医疗卫生方面的开支增量

C_c——失地农民享受城市医疗卫生水平的医疗卫生投入成本

C_t——失地农民接受农村医疗卫生水平的医疗卫生投入成本

A_c——城市医疗卫生人均投入成本

A_t——农村医疗卫生人均投入成本

E_c——城市医疗卫生投资总额

B_c——城市医疗卫生机构床位数

P_c——每千城市人口医疗卫生机构床位数

E_t——农村医疗卫生投资总额

B_t——农村医疗卫生机构床位数

P_t——每千农村人口医疗卫生机构床位数

② 数据资料

本书采用政府公布的以及各类统计年鉴中的统计数据进行分析。城市、农村医疗卫生投入数、医疗卫生机构床位数以及每千人口医疗卫生机构床位数均从《2012 年中国卫生统计年鉴》中整理而得，如表 3–6 为城市和农村医疗卫生投入情况。将城市和农村医疗卫生投入情况对比可以看出，城市医疗卫生供给和农村医疗卫生供给差距较大。一方面，从床均卫生费用来看，城市医疗机构的床均支出远远高于农村。城市医疗机构的床均支出为 74.92 万元，而农村医疗机构的床均支出仅有 21.33 万元，只有城市支出的 28.5%，说明了城市医疗卫生设施水平比农村高出 2 倍多；另一方面，从每千人口医疗卫生机构床位数来看，农村人口享受医疗卫生服务的水平也远远不如城市人口。每千城市人口拥有医疗机构床位数 6.24 张，而每千农村人口仅有床位数 2.8 张。

表 3–6　2011 年城市和农村医疗卫生投入情况表

类别	卫生投入费用（亿元）	医疗卫生机构床位数（张）	床均卫生费用（万元）	每千人医疗卫生机构床位数（张）
城市	18542.37	2475222	74.92	6.24
农村	5726.41	2684667	21.33	2.80

数据来源：《2012 年中国卫生统计年鉴》

③估算结果及说明

根据估算模型以及已知数据，首先计算城市医疗卫生人均投入成本 A_c 与农村教育人均投入成本 A_t。

$$A_c=((E_c/B_c)\times P_c)/1000$$
$$=(18542.37\div 247.5\times 6.24)/1000$$
$$=74.92\times 6.24/1000=0.47\text{ 万元}$$

$$A_t=((E_t/B_t)\times P_t)/1000$$
$$=(5726.41\div 268.5\times 2.8)/1000$$
$$=21.33\times 2.8/1000=0.06\text{ 万元}$$

将失地农民数量代入模型测算出失地农民享受城市医疗卫生水平的医疗卫生投入成本 C_c 以及接受农村医疗卫生水平的医疗卫生投入成本 C_t；最终得出失地农民转变为城市居民后医疗卫生方面的开支增量 C_h。

$C_c=A_c\times M=0.47\times 7200=3384$ 亿元

$C_t=A_t\times M=0.06\times 7200=432$ 亿元

$C_h=C_c-C_t=3384-432=2952$ 亿元

由模型最终得出失地农民转变为城市居民后地方财政在医疗卫生方面的开支增量为 2952 亿元。当年地方财政在医疗卫生方面的总支出为 6358.19 亿元，开支增量相当于当年总支出的 46.43%，接近当年总支出一半的水平。

以上仅选取了与居民切身利益息息相关的几个方面对失地农民可能带来的地方财政压力及困境进行评估，其他公共服务供给，诸如建成区扩大增加的新区基础设施建设、大规模的道路、给排水系统、通讯设施、电力设施、废弃物处理等的投入，以及文化、体育公共广场等设施的完善等方方面面，都是地方财政新增开支的重要方面。随着城市化进程中土地扩张的加速增长，征地面积的递增式扩大，失地农民的规模也呈递增式膨胀，越来越多的失地农民将在农民和市民的属性转变中给地方财政带来更大的支出压力，为地方财政风险埋下隐患。

二、依靠土地为主要收入来源的地方财政风险分析

在城市化导致的城市建设用地需求剧增以及地方政府财政困境的动力驱使下，地方政府开始寻找缓解自身困境的出路。近年来，通过土地出让金收入来弥补财政收支缺口的现象逐渐普遍，地方政府对土地出让金的依存度也逐年攀升，土地出让金逐步成为地方政府最主要的收入来源之一。

（一）地方财政收入对土地出让收入的依赖性分析

如表 3-7 所示，近年来我国土地出让面积快速增长，从 2001 年的 9 公顷增长到 2010 年的 29.2 公顷，增长了 2 倍左右。由于土地价值的不断增值，土地出让价款也一路飙升，2010 年出让金额为 27100 亿元，是 2001 年的 21

倍左右，而地方财政本级收入的增长幅度仅为5.2倍，由此，土地出让金占地方财政本级收入的比重扶摇直上，从2001年的16.6%增长到了2010年的66.7%。虽然在2008年金融危机的冲击下，我国土地市场有所波动，但随着经济的复苏，2009年至2011年的土地出让金收入情况也快速回转。土地出让已然成为地方财政缓解财政困境的一个重要手段。以下采用弹性系数分析工具对地方财政对土地出让收入的依赖程度进行分析。

表3–7　2001–2010年土地出让金与地方财政本级收入比较表

年份	土地出让总面积（万公顷）	土地出让总价款（亿元）	地方财政本级收入（亿元）	土地出让金占地方财政本级收入比重
2001	9.0	1295.9	7803.3	16.6%
2002	12.4	2416.8	8515.0	28.4%
2003	19.4	5421.3	9850.0	55.0%
2004	18.2	6412.2	11893.4	53.9%
2005	16.6	5883.8	15100.8	39.0%
2006	23.3	8077.6	18303.6	44.1%
2007	23.5	12216.7	23572.6	51.8%
2008	16.6	10259.8	28649.8	35.8%
2009	20.9	15910.2	32602.6	48.8%
2010	29.2	27100.0	40613.0	66.7%

数据来源：2002–2011年《国土资源年鉴》;《2012年中国统计年鉴》

弹性系数是一定时期内相互联系的两个经济指标增长速度的比率，它是衡量一个经济变量的增长幅度对另一个经济变量增长幅度的依存关系。土地出让收入对地方财政收入的弹性系数是分析和判断地方财政收入与土地出让收入的增长是否同步，以及协调程度如何，从而来判断地方财政收入对土地出让收入的依赖程度。当土地出让收入与财政收入的弹性系数大于1时，反映土地出让收入的增长快于地方财政收入的增长，表明土地出让收入对地方财政收入的增长富于弹性，即地方财政收入的增长对土地财政收入的增长依赖较大；当土地出让收入与财政收入的弹性系数小于 1 时，反映土地出让收入的增长慢于财政收入的增长，表明土地出让收入对财政收入的增长缺乏弹性，即地方财政收入对土地财政收入的增长依赖较小。本书通过测算 2002–2010 年的地方财政收入对土地出让收入的弹性系数，来判断我国地方财政收入对土地出让收入的依赖程度。弹性系数的测算如表 3–8 所示。

表 3–8 地方财政收入对土地出让收入的弹性系数表

年份	土地出让总价款（亿元）	地方财政收入（亿元）	地方财政收入增长率	土地出让金增长率	弹性系数
2002	2416.8	8515.0	9.1%	86.5%	9.48
2003	5421.3	9850.0	15.7%	124.3%	7.93
2004	6412.2	11893.4	20.7%	18.3%	0.88
2005	5883.8	15100.8	27.0%	（8.2%）	（0.31）
2006	8077.6	18303.6	21.2%	37.3%	1.76
2007	12216.7	23572.6	28.8%	51.2%	1.78
2008	10259.8	28649.8	21.5%	（16.0%）	（0.74）
2009	15910.2	32602.6	13.8%	55.1%	3.99
2010	27100.0	40613.0	24.6%	70.3%	2.86
平均	–	–	21.2%	63.3%	4.10

数据来源：2002–2011 年《国土资源年鉴》;《2012 年中国统计年鉴》

由表 3–8 可知，除了 2005 年由于政策的影响，以及 2008 年受金融危机的冲击，土地出让收入出现小幅下降以外，其他年份土地出让金均呈现出快速增长趋势，土地出让金 9 年来平均增长了 63.3%[1]，而地方财政收入增长了 21.2%。剔除两年的特殊情况，弹性系数均大于 1，平均为 4.1。2009 年和 2010 年的弹性系数 3.99 和 2.86 表明，地方财政收入每增长 10%，土地出让收入将增长 39.9% 和 28.6%。由此可知，地方财政收入严重依赖土地出让收

[1] 由于政策原因和金融危机的冲击，2005 年和 2008 年的土地出让收入出现小幅下降。这是特殊原因造成的结果，具有一定的特殊性，因此在做整体平均数测算时，将这两年的数据予以剔除。

入，达到了密不可分的程度。

（二）土地价格波动性引致的地方财政风险分析

西方微观经济学中的核心理论——供求规律和价格理论认为，供求决定价格，价格反映供求。当土地作为商品形成土地市场后，土地市场的供需特点决定了土地价格的变动规律。由于土地资源具有有限性的特征，在长期内，城市土地市场具有一个潜在的最大供给量，因此，土地市场的供给情况在长期内和短期内是不同的，本书将从长期和短期两方面对土地价格的变动规律进行分析。

1. 长期内土地价格运行规律

长期的供给曲线是一条垂直的直线。由于土地资源的有限性，城市规模随着城市化进程的结束不会无限制地扩张，最终稳定的城市面积在客观上决定了城市土地市场具有一个潜在的最大供给量。即使出价再高，土地供给也不可能超过这一潜在的最大供给量。如图 3–1 所示。

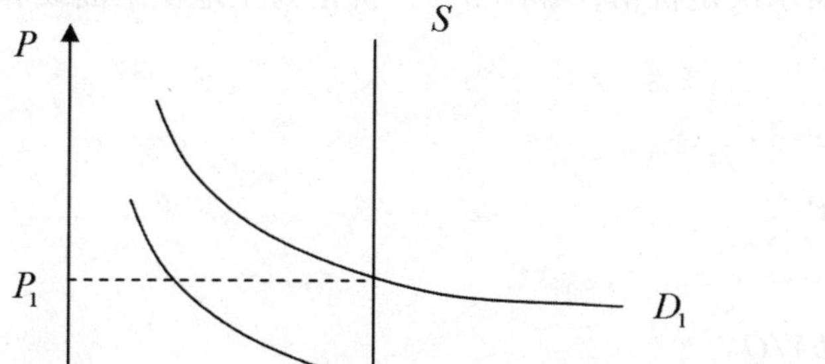

图 3–1　长期内土地供求曲线及价格决定图

土地需求主要受到价格、国民收入以及土地在生产生活中的重要性三方面因素影响，因此，设土地需求函数为：

$$P = bY / Q_d$$

其中：$\partial P / \partial Q_d < 0$，$\partial^2 P / \partial Q_d^{\,2} > 0$

P——土地价格

Y——国民收入

Q_d——土地需求量

b——土地在生产、生活中的重要性

上述需求函数说明：(1) 土地重要性 b 取决于市场主体对土地价格走势的预期，市场主体预期土地价格上涨，b 就越大，反之，b 就越小。另外，b 还包括制度变迁对土地需求的影响。如 1998 年以来我国不再实施居民住房福利分配的政策，使居民有了住房购买的决策权，即 b 增大。b 的含义可以理解为土地消费边际倾向，每增加一单位的国民收入，便有 bY 的收入用来购买土地，即 bY 表示居民收入中用于购买土地的份额；(2) 土地价格 P 由收入中用于购买土地的份额 bY 和土地需求量 Q_d 决定。由此可知，土地需求函数是一条向下方倾斜并凸向原点的曲线，在收入水平相同时，需求增加导致价格下降；当收入增加时，需求曲线向右上方移动，如图 3–1 所示，$Y_1>Y_2$，土地需求 D_1 对应收入水平 Y_1，土地需求 D_2 对应收入水平 Y_2。

供给和需求决定价格，如图 3–1，价格为土地供给曲线和土地需求曲线的交点。

$Q_S=Q_0$

$Q_d=bY/P$

$Q_S=Q_d$

得：$P=bY/Q_0$

由价格确定公式可以看出，在长期内，当土地最大供给量 Q_0 一定时，价格的增长取决于土地重要性 b 和收入 Y 两个变量，且同方向变动。由于国民收入增长率可用经济增长率来衡量，因此得出结论：土地重要性程度和经济增长率越高，土地价格越高。同理可推论出：在长期内，假定土地重要性程度相对稳定，则土地价格增长率等于经济增长率。

2. 短期内土地价格运行规律

短期内，土地供给是一条向右上方倾斜的曲线。当其他条件不变时，土地供给量随着土地价格的升高而升高。由于土地供给有一个潜在最大供给量，随着价格的升高，土地供给曲线越来越陡，接近于一条垂直直线，如图3–2所示。

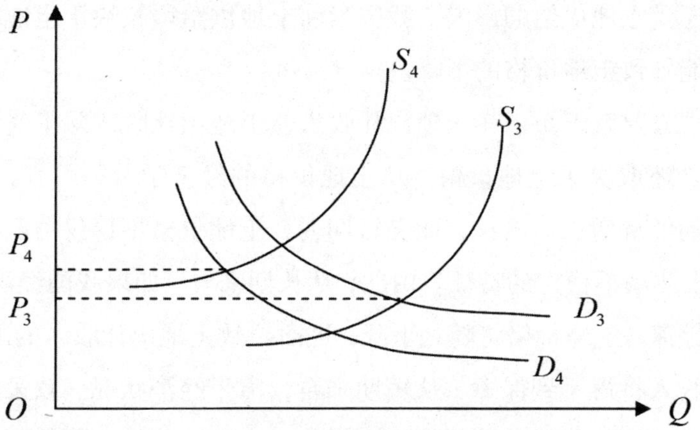

图 3-2　短期内土地供求曲线及价格决定图

短期内的土地需求曲线同样是一条向右下方倾斜并凸向原点的曲线。和长期内需求曲线的区别主要在于，长期内土地需求曲线更多地受经济增长趋势的影响，随着经济增长而持续右移；短期内土地需求基本不受经济增长趋势影响，而受预期因素 b 的影响更为显著，土地需求曲线有可能因预期因素等的作用而发生左移。

由于短期内土地供给不再是一个固定的潜在产量，短期内的土地供给量受到国家宏观政策、土地供给政策以及其他经济因素的影响，因此，短期内土地价格的变化不再单纯地表现为与经济增长率同步。首先，土地价格的变化与土地供给的宽松程度有关。当土地资源充足，供给相对宽松时，即土地供给曲线处于比较平坦的阶段，需求的增加只能引起土地价格的小幅上升。其次，土地价格与土地供需变化的相对幅度有关。当经济增长导致需求曲线向右移的同时，供给曲线由于政策原因以更大的幅度向右移动时，如图 3-2 所示，D_4 移动到 D_3，S_4 移动到 S_3，土地价格不再表现为与经济同步增长，有可能不变，也有可能出现下降，如图中 $P_3 < P_4$。同理，如果由于宏观经济形势的变化，土地需求下降，而土地供给不变或反而有所上升，则土地价格也是下降的，这正是 20 世纪 90 年代以来，日本土地价格泡沫破裂以后所发生的事实 [1]。由此可知，在短期内，土地价格具有波动风险，除了和经济增

[1] 郭鸿勋，武康平，土地储备运行中的财政风险——基于土地价格变动的分析 [J]. 财政研究，2005(4).

长相关，还受土地供给的影响。我国当前土地供给增长快于土地需求增长的情形有可能导致土地价格的下降。

我国地方财政严重依赖土地出让收入，土地出让收入除了受土地出让数量影响外，还取决于土地价格。从土地价格的经济学分析可知，在长期内，土地价格随经济增长而增长，而在短期内，土地价格不仅仅由经济状况来决定，表现出波动不稳定的特征。由此，从长期来看，如果我国经济状况不佳、增长出现停滞，土地价格将随之下降，进而导致土地出让收入的下降，同时，地方财政收入将得不到保障；从短期来看，由于经济状况、政策因素等引起的土地供给的变化均对土地价格产生影响，在土地价格不能保证稳定增长的情况下，土地出让收入受到影响，地方财政收入主要来源的不稳定为地方财政收入风险埋下了隐患。

3. 土地资源有限性引致的地方财政风险分析

英国、美国以及欧洲发达国家的城市化进程是一个循序渐进、缓慢发展的过程。英国城市化水平从 26% 提高到 70% 用了 90 年时间；法国从 25.5% 提高到 71.7%，美国从 25.7% 提高到 75.2%，都用了 120 年。而日本城市化水平从战后的 27.8% 提高到 75.9% 仅用了 30 年的时间，发展速度相对较快。我国城市化水平从 1978 年的 17.8% 提高到当前的 51.3% 用了 30 多年时间，发展速度与日本较为接近。因此，本书将日本城市化进程的土地变化特征作为参考，分析我国城市规模外延扩张的趋势。

日本城市化进程大概分为三个阶段：第一阶段为 1945 年至 1950 年，城市化水平从 27.8% 增长到 37.3%，增长较为缓慢，处于城市化发展初期；第二阶段为 1950 年至 1975 年，城市化水平从 37.3% 增长到 75.9%，上升了 38.6%，年平均上升 1.54%，是战后日本城市化上升最快的时期，处于城市化加速发展期；第三阶段是 1975 年至 2000 年，城市化水平基本保持在 75%–79% 之间，增长基本处于停滞状态，处于城市化停滞发展期。从表 3–9 中可以看出，当城市化处于发展初期时，城市规模出现小幅增长，城市面积从 1.61 万平方公里增长到 2 万平方公里；城市化处于加速发展期时，城市规模也相应地出现大规模扩张，城市面积从 2 万平方公里迅速增长到 10.24 万平方公里，25 年间日本城市面积扩大 5 倍多，占国土面积比重从 4.2% 飙升到将近 30%；进入城市化发展停滞阶段后，城市空间规模基本不再向外延扩张，城市面积则基本保持不变，从 1975–2000 年，25 年时间城市面积仅增加 0.36 万平方公里，年均增长率仅为 0.14%。

表 3–9　日本城市化进程阶段和城市规模扩张趋势

年份	城市化阶段	城市化水平	城市土地面积（万平方公里）	农村土地面积（平方公里）
1945	缓慢发展初期	27.8%	1.61	36.12
1950		37.3%	2.00	35.69
1955	加速发展期	56.1%	6.80	30.79
1960		63.3%	8.29	29.28
1965	加速发展期	67.9%	8.86	28.73
1970		72.1%	9.54	28.07
1975		75.9%	10.24	27.4
1980	停滞发展期	76.2%	10.27	27.39
1985		76.7%	10.31	27.36
1990		77.4%	10.39	27.25
1995		78.3%	10.51	27.15
2000		78.7%	10.6	27.08

数据来源：郑宇 . 战后日本城市化过程与主要特征 [J]. 世界地理研究 ,2008(6)

伴随城市化进程的发展，日本城市面积的发展趋势从缓慢增长到大规模扩张，再逐渐回归到小幅增长或基本停滞的状态。日本的经验表明：城市化进程中城市空间规模的外延扩张的增长趋势是逐渐减弱的，如图 3–3 所示。因此，随着城市空间规模外延式扩张逐步减弱，通过外延式扩张模式来增加建设用地的潜力逐步下降，城市不会无限制地快速扩张下去。

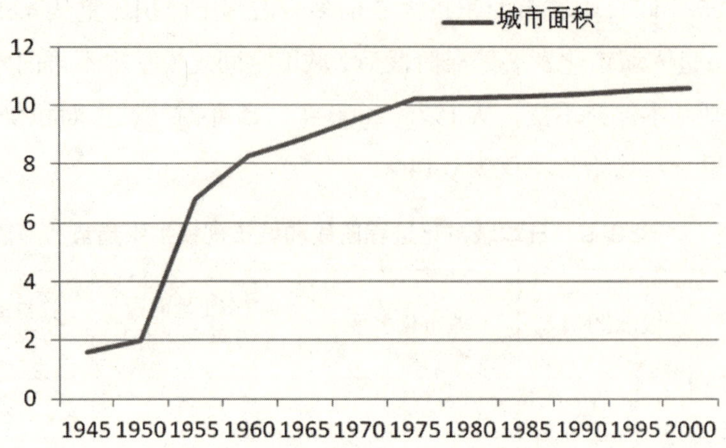

图 3-3　日本城市规模外延扩张趋势图

我国目前处于城市化发展加速期，城市土地面积处于快速扩张阶段，地方财政收入严重依赖土地外延扩张的政府行为所形成的未来风险很容易被隐藏和掩盖，当城市化水平进入到城市化发展后期时，城市空间规模扩张出现放缓或大规模城市化进程结束的时候，通过城市用地外延扩张来增加的建设用地将大幅下降，地方财政在没有可替代的稳定财源的情况下，将面临严峻的财政收入风险。

由于土地资源的稀缺性和有限性，将依靠土地获得收入作为主要的收入来源具有一定的不可持续性，从代际资源分配的角度也会造成“代际公平性”的缺失。另外，根据土地的供给和需求情况，土地价格具有一定的不稳定性，在长期内表现为与经济同步增长，在中期具有波动风险 [1]。由此，地方财政过度依赖土地将使财政收入受经济周期摆布，违反了财政政策“反周期操作”这一稳定经济的基本原则。这种不可持续模式属于今朝有酒今朝醉的“赌徒”行为，使当前虚假的财政繁荣掩盖了未来的财政风险和危机，必将严重影响地方财政的长期稳定和可持续发展 [2]。

[1] 郭鸿勋，武康平．土地储备运行中的财政风险——基于土地价籍变动的分析 [J]. 财政研究，2005(4):40.

[2] 刘笑萍，童伟．地方财政收支政策的理性选择——从土地出让金的路径依赖说开去 [J]. 财政研究，2009.

三、小结

本章在综合目前各部门、各学者对“土地财政”提法不同意见的基础上，认为不应将“土地财政”问题狭义地归结为财政的收支问题，而应当是在高速城市化进程中土地巨大的增值收益在各级政府、房地产开发商、农民、城镇购房者之间分配的种种社会经济问题。并对“土地财政”的含义进行了重新定义，提出“土地财政”应该包括两方面：一是地方政府在农地征用市场上的行为——征地、拆迁所导致的社会问题，二是地方财政依靠土地为主要收入来源的财政问题。在此基础上，首先分析了被征地、拆迁的失地农民的生活及保障现状，从地方财政为弥补失地农民福利差异的成本估算和完善城市基本公共服务供给成本估算两个方面，评估了失地农民可能造成的财政压力及困境，并得出结果：在失地农民转变为市民的过程中，失地农民福利状况的增加以及对城市公共服务需求的大幅提高将给地方财政带来大量的新增开支，加大地方财政的财政困境和支出压力，为地方财政风险的形成埋下隐患。其次，在分析目前地方财政对土地出让收入具有较强依赖程度的基础上，从土地价格的波动性以及土地资源有限性两个方面，评价了依靠土地为主要收入来源的地方财政风险，并认为，长期内的土地价格随经济增长而增长，而短期内的土地价格表现出波动不稳定的特征。在土地价格不能保证稳定增长的情况下，土地出让收入将受到影响，地方财政收入主要来源的不稳定可能引发地方财政收入风险。另外土地资源的有限性也使得地方“土地财政”模式不具有可持续性。

第四章

地方政府投融资行为的财政风险分析

我国《预算法》明确规定：除法律和国务院另有规定外，地方政府不得发行地方政府债券。由此，在快速发展的城市化进程中，为保障城市基础设施满足社会需求，地方政府通过组建投融资平台来弥补财政资金缺口、突破资金瓶颈。

地方政府融资平台是由地方政府及其部门和机构等通过财政拨款或注入土地、股权等资产设立，承担政府投资项目融资功能，并拥有独立法人资格的经济实体[1]。1997年亚洲金融危机爆发后，我国政府大力实施积极的财政政策，许多地方政府纷纷创建了国有独资的城投公司，实现了基础设施投融资的“市场化”[2]。2008年以来，为了应对全球金融危机的冲击，我国中央政府出台的4万亿元投资计划给地方政府带来了巨大的资金缺口，而地方政府投融资平台在这一时期发挥了相当重要的融资作用。自此，投融资平台真正被社会各界所关注，其数量不断增加，融资规模迅速膨胀。根据国家审计署统计，截至2010年底，共有地方政府投融资平台6576家，全国省、市、县三级地方政府性债务余额共计10.7万亿元；根据2011年6月1日中国人民银行发布的《2010中国区域金融运行报告》估计，截至2010年末，地方融

[1]《国务院关于加强地方政府融资平台公司管理有关问题的通知》，2010年。

[2] 此处的“市场化”非真正的市场化，只是市场化的形式，因为投融资公司均由政府主导，政府注资。

资平台贷款的上限为 14 万亿元。

由于地方政府投融资平台是地方政府通过财政拨款或注入土地、股权等方式建立的，其资本构成具有特许权资本化[1]、土地使用权资本化[2]和政府支出资本化[3]的特征。因此，地方投融资平台的债务和地方政府密切相关。当大规模的债务无法偿还时，最终将由地方政府来承担，为地方政府债务风险的形成埋下了隐患。另外，目前地方投融资平台存在的担保行为不规范、重复抵押情况普遍、财政部门在资金使用管理上监管能力弱化等问题将进一步加大地方债务风险发生的可能性。

一、地方政府投融资平台的运作模式及抗风险能力分析

（一）地方政府投融资平台的运作模式及制度缺陷

1. 投融资平台的类型及运作模式

（1）投融资平台的类型

根据承担的政策性任务以及融资用途，可将投融资平台分为基础设施和公益项目投融资平台、地方战略性投融资平台以及 AMC 融资平台三类。基础设施和公益项目投融资平台主要包括各类城市建设投资公司和城市交通类融资平台；地方战略性投融资平台是地方政府以所辖重点国有企业股权作为资本金组建而成的国有资本经营公司，负责为地方政府发展战略性、支柱性和先导性产业融资；AMC 型融资平台是地方政府为解除国有企业困境而成立的投融资平台，类似于国家四大资产管理公司[4]。

按还款来源，可将投融资平台分为市政基础设施建设平台、土地综合开发平台和特定项目融资平台三类。市政基础设施建设平台的还款来源全部为财政收入；土地综合开发平台的还款来源主要为土地出让收入；特定项目投

---

[1] 特许权资本化是指投融资平台以地方政府的项目收费权为抵押物，向银行或其他资本市场筹措资金形成资本的资本化形式。

[2] 土地使用权资本化是指投融资平台公司通过流转土地使用权和质押土地收益权，向银行或其他资本市场融资的资本化形式。

[3] 政府支出资本化是政府运用财政支出实现杠杆融资形成资本的一种方式。

[4] 陈杉．地方政府投融资平台规范发展的政策建议 [J]. 财政研究，2011(5):11-12.

融资平台以收费权、项目投资收益等为主要还款来源[1]。

据统计，大部分投融资平台属于基础设施和社会公益项目的投融资平台（市政基础设施建设平台），如东部沿海某省融资平台的样本显示，70% 左右的融资平台承担基建、市政项目建设等，仅 30% 为各级土地储备中心和各类开发区、工业园区、产业园、物流园、科技园等功能区的平台企业[2]。

（2）投融资平台的运作模式及流程

由于没有完善的政策对投融资平台的运行模式进行统一规定，加之功能定位各有差异等因素的影响，各地对所属投融资平台采取的管理模式有所区别，主要包括：一是对投融资平台实行公司化运作，按照现代企业管理方式进行管理；二是由地方政府成立的投融资管理中心进行统一管理；三是政府作为股东角色的总经理负责制；四是通过建立政府投融资工作联席会议制度，进行投融资平台的管理。

投融资平台的运作流程为：首先，地方政府出资设立从属于地方政府的投融资公司，出资方式包括财政拨款、土地划拨等。其次，所成立的投融资公司通过发行城投债募集资金，或者通过地方政府的担保，如土地担保和“信用函”的方式向银行申请贷款。由此，地方政府投融资平台的资金来源由地方政府通过财政部代发的地方债、投融资公司发行的城投债以及银行贷款三部分组成，形成了“地方债、城投债、银行信贷”三位一体的融资格局，如图 4–1 所示。

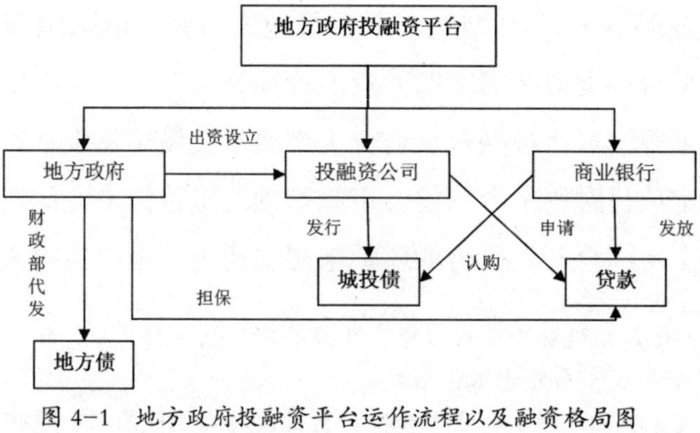

图 4–1　地方政府投融资平台运作流程以及融资格局图

[1] 王晓曦．我国政府融资平台的制度缺陷和风险机理研究 [J]. 财政研究，2010(6).

[2] 曹红辉．地方融资平台：风险成因与治理 [J]. 财政研究，2010(10):56.

从投融资平台的资本结构、管理方式以及内部控制三方面看，投融资平台的运作模式具有以下特点：第一，在资本结构方面，大部分投资公司均未发行股票上市，其主要的资本构成除了自有资本外，主要通过银行借款、债券融资和财政拨款，有个别公司通过信托融资，大体呈现出特许权资本化、土地资本化和政府支出资本化的特征。在融资方式中，因其没有实收资本，多数资金都是通过负债融资，资产负债率较高。第二，在管理方式上，各投资公司都有自己下属子公司，子公司的主要管理者通过母公司委派制产生，其任免权由母公司决定；在绩效考核和薪资方面，根据各个岗位的不同，结合其营业利润等由子公司自行管理。第三，在内部控制方面，各投资公司都有明确的内部控制制度，有自己的全面预算、财务计划、财务控制、财务分析和财务考核制度。各种经济业务的职责分工和程序方法较为健全，对于财政性基本建设项目资金、公益性基本建设项目资金均实行集中支付，以此来确保资金使用安全规范、专款专用[1]。

2. 投融资平台的制度缺陷分析

（1）决策缺陷：职能定位不清，缺乏发展规划

地方投融资平台从属于政府的直接后果是职能定位不清，缺乏发展规划。由于地方政府投融资平台主要是政府出资建立，其性质介于行政单位和企业之间，没有准确的职能和角色定位，其人、财、物的政府背景行政色彩浓厚。另外，投融资平台的经营模式和管理缺乏法律法规和统一的政策文件规范，也没有形成全国统一的投融资平台管理机构。

由于资金筹集和支配权力始终集中在政府手中，一方面，造成法人治理结构不健全，市场化经营能力弱，企业效益难以评价考核，经营风险难以有效防控，大部分投融资平台并未真正按照市场化模式进行运营；另一方面，短期任期制和地方政府对政绩的过度追求，使地方政府作为投融资平台的实际决策者，存在短期过度借债的行为，导致资金的使用和归还脱节——前任用钱、后任还钱。同时也使投融资平台成为了地方政府规避法律、过度融资

[1] 曹小武 . 中国地方政府债券发展研究 [M]. 武汉：湖北人民出版社，2012:30-32.

的载体，极度缺乏对投融资平台自身发展的长远规划，未能将服务地区发展与实现自身发展相统一。

（2）担保缺陷：债务承担责任没有法律界限，无效担保现象严重

我国《担保法》明确规定，除经国务院批准为使用外国政府或者国际经济组织贷款进行转贷的以外，国家机关不得为保证人。但在现实中，地方政府仍然通过土地抵押、提供承诺函等方式变相为平台融资提供信用担保。由于我国地方政府不存在破产机制，金融机构在充分信任地方政府的前提下，往往积极提供资金。

首先，从法律意义上分析，地方政府承诺函形式的政府信用不具备法律效力。法律对投融资平台债务的承担主体、应承担的责任以及如何承担没有明确规定，若投融资平台没有能力偿还贷款，银行对政府的追偿缺乏法律支持，加之地方政府未来财政收入的不确定性，以及隐性债务居高不下的现状，导致追偿不具备可操作性。其次，从地方政府投融资平台贷款担保方式看，以土地、土地出让收益权、公共事业收费权等作为担保的担保方式大部分属于无效担保。一是用于抵押的土地大部分为储备土地、市政道路等公益土地，变现能力较差。二是政府对公共事业收费权的垄断管理，使其不具有可转让性，无法变现。三是土地出让收入作为目前地方财政的主要收入来源，若用来作为偿还贷款的主要资金，将不可避免地影响地方财政的正常运行。

（3）效率缺陷：银政合作，边界不清，挤出民间投资

一般而言，金融机构只有在市场化企业符合贷款条件的情况下，才向其提供贷款融资。但和一般的市场化相比，地方政府投融资平台一方面具有政府从属性，另一方面主要投资于基础设施等公益性项目，融资规模大、期限长、单笔信贷成本低。因此，金融机构对地方投融资平台提出的贷款融资申请，一般不按照严格的审贷步骤，在不对其信用度和投资可行性进行分析的情况下，简单完成贷款程序，也不设定任何风险控制措施；甚至还可能主动要求投融资平台加大贷款额度，提高其授信权限。由于投融资平台的实际决策者是地方政府，因此直接导致财政和金融边界不清，使金融机构实际上成

了地方政府配置信贷资金的“影子银行”[1]。

这种银政合作、边界不清的模式，使信贷资金过多投入到政府投资领域，如铁路、公路以及基础设施，从而无法满足三农、中小企业的投资需求，对这些市场化程度较高的实体经济形成冲击，对其生产经营性的信贷投入产生了挤出效应，抑制了市场化中小企业的发展，进一步扭曲了经济结构。另外，相较市场化投资而言，政府投资效率偏低，在以地方政府投融资平台为中介银政合作模式下，地方政府过多地参与了资金市场的竞争，不但不能达到弥补市场缺陷、促进中小企业发展壮大的目的，反而当经济增长迟缓时，由于政府中长期基建项目贷款难以短期内收回，贷款期限较短的中小企业又将承担起回收信贷资金的压力，进一步放大对市场化投资的挤出效应。

（4）监督缺陷：资金的“借、用、管、还”分离，财政监督不到位

资金的借贷、使用、管理以及偿还的主体一致性是投融资平台安全运营的关键。各地方政府都强调构建“借、用、管、还”一体化的安全、高效的投融资平台。但在实际的操作中，常常出现借、用、管、还分离的问题。目前常见的情况是，发改委规划举债的项目，财政部门和人民银行负责贷款项目的审核，发改委、国资委和财政部门负责监督、管理资金的使用情况，而举债的资金几乎都由财政部门偿还。由于各投融资平台不负责向财政部门报送财务报表，最终导致财政对投融资平台的负债情况了解不足。

由于投融资平台的负债没有纳入地方政府的预决算，地方财政对平台的决策和项目的运作缺乏管理、监督不足；对平台未来的风险预期不足、警惕性较低。在责任机制没有明确的前提下，地方财政除了出具承诺函时，大概地了解投融资平台的大体情况外，不介入平台的决策，对平台的管理和项目的运作缺乏监督，也没有防控投融资平台风险的积极性。因此，当投融资平台出现投资失误、投融资规模超过财政可承受的限度时，投融资平台风险将集中爆发，并有可能转化为地方财政风险[2]。

[1] 王晓曦．我国政府融资平台的制度缺陷和风险机理研究 [J]. 财政研究，2010(6).

[2] 刘尚希，许航敏，葛小南，孙洁．地方政府投融资平台：风险控制机制研究 [J]. 经济研究参考，2011(2).

（二）地方政府投融资平台抗风险能力分析

1. 投融资平台的资金来源情况分析

企业的资金包括初始资金和后续资金。初始资金是公司成立之初的注册资本，是全体股东认缴的出资额。后续资金是指公司成立运行后所获得的资金，包括外部融资和内部融资。银行贷款、债券融资、商业信用以及财政投入及补贴等属于企业的外部融资。内部融资是企业将自身税后利润转增资本金的融资方式，主要依靠自身盈利能力。相对于外部融资，内部融资具有原始性、自主性、低成本性和抗风险性等特点，既利于扩大企业生产经营规模，又可减少财务风险，还可以减少信息不对称问题及与此有关的激励问题；节约交易费用，降低融资成本，增强企业剩余控制权。内部融资能力主要由企业的盈利能力、净资产规模和未来收益预期等方面决定。

下面通过对246家地方政府投融资平台发行过的260支债券[1]进行分析，来详细说明地方政府投融资平台的主要资金来源情况。

（1）初始资金情况

表4–1　地方政府投融资平台初始资金来源情况表

出资部门			出资方式	
地方国资委	82.31%	53.08%	货币资金	56.44%
人民政府		20.77%	国有资产	20.77%
财政局		8.46%	货币资金、土地使用权	9.62%
开发区管委会	6.92%		土地使用权、国有资产	6.15%
其他部门	10.77%		其他	7.02%

数据来源：马海涛．地方政府投融资平台发展研究[M]. 北京：中国财政经济出版社，2012

地方投融资平台都是由地方政府或部门通过财政拨款或注入土地、股权等资产设立的，而且是以直接出资为主。其中，地方国资委、人民政府和财政局出资设立的占绝大多数，占总数的82.31%；区管委会负责经营管理的占6.92%，多为负责某一城市工业园区的开发和建设；其他出资人基本为政

[1] 马海涛．地方政府投融资平台发展研究[M]. 北京：中国财政经济出版社，2012.

府控制的国有企业或国有事业单位。

从出资方式来看，用于出资的资产主要包括货币资金、土地使用权、国有资产以及资本公积金转赠。其中，以货币资金、国有资产、货币资金和土地使用权、土地使用权和国有资产对地方投融资平台出资的比例较高，分别占到总数的 56.44%、20.77%、9.62% 和 6.15%。

（2）后续资金来源情况

首先，从内部融资的情况看，地方投融资平台主要从事基础设施建设方面，公益性项目较多，因此，普遍盈利能力较弱，自身内部产生的现金流较弱，而城市基础设施建设投资金额又比较大，单靠自身积累很难满足需求。

地方政府投融资平台总体的资产收益率和净资产收益率仅为 2.54% 和 4.43%。直辖市和区（县）级平台的盈利能力最弱。区（县）级平台的资产收益率和净资产收益率为 1.95% 和 3.73%，直辖市级平台仅为 1.23% 和 2.56%。省级投融资平台的盈利能力相对最好，但两个指标也仅有 3.97% 和 8.06%。

表 4–2　各级别地方政府投融资平台内部融资情况表

级别	资产收益率	净资产收益率
总体平均	2.54%	4.43%
省级	3.97%	8.06%
直辖市	1.23%	2.56%
省会城市	2.24%	4.63%
地市级	2.93%	4.65%
区（县）级	1.95%	3.73%

数据来源：马海涛 . 地方政府投融资平台发展研究 [M]. 北京：中国财政经济出版社，2012

由此可知，对地方政府投融资平台来说，内部资金来源有限，地市级和区（县）级投融资平台尤其明显，主要依靠外部融资。

其次，从外部融资的情况看，呈现出两个特征：第一，企业净资产的增加，即企业净权益增加值主要来源于地方政府以补贴等方式进行追加投入。从政府补贴占利润总额比重指标的情况看，平均值高达 89%，即各级别投融资平台的平均利润总额中有 89% 来自于政府补贴。低级别的融资平台对政府补贴的依赖性尤其严重，区（县）级和地市级投融资平台的利润总额基本全部来源于政府补贴。省会城市投融资平台也较为严重，达到 85%；直辖市级别和省级相对较好，但直辖市投融资平台的政府补贴占利润总额比例也已接近 50%。如表 4–3 所示。

从投融资平台的净权益增加值（注册资本和净资产的差额）情况来看，由于净权益增加值主要来自于地方政府以及相关部门的追加投入，因此净资产与注册资本比越高，说明投融资平台的外部补贴越高。根据各级别的统计情况看，地市级投融资平台外部补贴最高，净资产与注册资本比达到 4.91，直辖市级和区（县）级次之，分别为 4.86 和 2.61。由于直辖市级的投融资平台成立时间相对较长，政府给予的投入相对较多；而地市级和区（县）级地区主要是因为经济发展水平较弱，单靠自身实力经营难以维持，因此必须依靠地方政府的各种投入来满足发债要求。

表 4–3　各级别地方政府投融资平台外部融资净资产增加情况表

级别	净资产与注册资产比	财政补贴占总利润比重
总体平均	3.2	89%
省级	1.46	21%
直辖市	4.86	47%
省会城市	2.08	85%
地市级	4.91	97%
区（县）级	2.61	100%

数据来源：马海涛．地方政府投融资平台发展研究 [M]. 北京：中国财政经济出版社，2012

第二，地方政府投融资平台资产很大部分来源于负债，平均总负债达到 118.42 亿元，高于平均资产 92.07 亿元，平均资产负债率为 47%。从投融资平台所属级别看，各级别投融资平台的负债情况差别不大，资产负债率均在 40%–60% 之间；省级、直辖市、省会城市以及县（区）级别的投融资平台资产负债率均超过了 50%，省级和直辖市的最高，分别为 57.79% 和 57.18%，如表 4–4 所示。

表 4-4　各级别地方政府投融资平台负债规模及资产负债率情况表

级别	负债规模（亿元）	资产负债率
总体平均	118.42	47.00%
省级	301.93	57.79%
直辖市	443.46	57.18%
省会城市	179.59	52.38%
地市级	54.92	41.99%
区（县）级	81.71	50.65%

数据来源：马海涛．地方政府投融资平台发展研究[M]．北京：中国财政经济出版社，2012

地方政府投融资平台的负债方式主要有商业信用、短期借款、长期借款和债券融资。从总体来看，长期借款是投融资平台的主要融资方式，超过负债总额的50%；短期借款和债券融资作为长期借款的补充，二者总和占负债总额比为32.6%；商业信用对平台外部资金补充作用有限，占负债总额比平均仅有4.4%。如表4-5所示，投融资平台的外部融资主要依靠长期借款，长期借款对地方投融资平台的重要性不言而喻。

表 4-5　各级别地方政府投融资平台外部融资来源情况表

单位：亿元

负债方式／级别	商业信用		短期借款		长期借款		债券融资	
	金额	占比	金额	占比	金额	占比	金额	占比
总体平均	6.1	4.4%	15.5	11.2%	60.1	51.1%	18.5	21.4%
省级	17.7	6.4%	28.4	9.2%	166.9	53.2%	33.4	13.8%
直辖市	26.6	3.2%	79.2	19.4%	186.8	43.2%	51.0	14.2%
省会城市	7.0	4.9%	23.7	13.4%	107.0	54.3%	19.5	19.1%
地市级	3.0	4.4%	5.8	10.2%	28.4	52.4%	13.8	27.6%
区（县）级	3.1	4.2%	7.4	9.3%	40.2	48.3%	14.7	19.4%

数据来源：马海涛．地方政府投融资平台发展研究[M]．北京：中国财政经济出版社，2012

根据各级别的统计情况看，如表4–5所示，第一，各级别商业信用形式的负债均较低，除了省级平台最高为6.4%，省会城市为4.9%外，其余级别平台的商业信用负债占总负债比重都在平均值4.4%以下。第二，直辖市投融资平台的短期借款，无论是借款规模，还是占总负债的比重都远远高于其他级别的投融资平台，规模为79.2亿元，占比达到了19.4%，比平均占比高出8.2个百分点。其他级别平台的短期借款占总负债比重均在平均值上下，差别不大。第三，省级、省会城市、地市级和区（县）级对长期借款依赖程度较大，前三者均超过50%，最高为省会城市，达54.3%，区（县）级的也接近50%，为48.3%。直辖市级别平台对长期借款依赖程度相对较低，为43.2%。第四，目前法律规定，债券融资累计规模不得超过净资产的40%，限制了净资产规模较小的融资平台的债券融资规模。由于直辖市投融资平台实力较强，净资产规模最大，因此，直辖市投融资平台债券融资规模最高，为51亿元，远远高于其他级别的投融资平台。其次是省级投融资平台，为33.4亿元。而从债券融资占总负债比来看，地市级投融资平台对债券融资的依赖程度较高，达27.6%，高出平均值6.2个百分点。省级和直辖市平台的依赖程度相对较低，分别为13.8%和14.2%。

综上所述，从总体上看，由于投融资平台自身盈利能力有限，很难依靠自身的发展来进行资本积累，资金主要依赖于外部融资中的负债，其中以银行长期借款为主要形式，超过50%的外部借贷来源于长期借款。另外，地方政府在对资金来源的支持与保障方面，一是通过给予补贴来维持地方投融资平台的正常运营；二是地方政府作为实际控制人，不断通过各种途径给予追加投融资来增强自身实力，如对银行借款以及债券发行进行担保等行为。从各级别投融资平台的情况看，地市级和区（县）投融资平台的盈利能力最弱，对地方政府财政补贴的依赖程度最强。据审计署统计显示，区（县）投融资平台数量占投融资平台总数的60%–70%。因此，从资金来源的情况分析可知，我国地方政府投融资平台的抗风险能力较弱。

2. 投融资平台的债务偿还能力分析

企业偿债能力，从静态角度看，就是用企业资产清偿企业债务的能力；从动态角度看，就是用企业资产和经营过程创造的收益偿还债务的能力。本书从短期偿债能力和企业盈利能力两个角度来分析投融资平台的债务偿还能力。

（1）短期偿债能力分析

衡量一个企业短期偿债能力通常是用流动比率和速动比率两个指标。流动比率是指每 1 元流动负债有多少流动资产作为偿还的保证，它反映公司流动资产对流动负债的保障程度，通常用企业流动资产对流动负债的比率来表示，计算公式为：

流动比率 = 流动资产合计 / 流动负债合计

流动资产包括货币资金、短期投资、应收账款和存货等，而存货、一年内到期的非流动资产等变现能力较差，因此，如果某一公司虽然流动比率很高，但其存货规模大，周转速度慢，有可能造成存货变现能力弱，变现价值低，那么，该企业的实际短期偿债能力就要比指标反映的弱。为更全面地考察投融资平台的短期偿债能力，进一步加入速动比率进行分析。速动比率又称“酸性测验比率”，是指每 1 元流动负债有多少速动资产作为偿还的保证，进一步反映对偿还流动负债的保障程度。速动资产包括货币资金、短期投资、应收账款等变现能力较强的项目。速动比率计算公式如下：

速动比率 =（流动资产合计 – 存货净额）/ 流动负债合计

一般而言，流动比率和速动比率这两个指标越大，表明公司短期偿债能力越强。通常，流动比率小于 100% 以及速动比率小于 50% 时，表明资金流动性差；流动比率在 150%–200% 之间以及速动比率在 75%–100% 时，表示资金流动性一般；若流动比率大于 200% 以及速动比率大于 100% 时，表示资金流动性较好。

从流动比率和速动比率来看，地方政府投融资平台整体的短期偿债能力较好，如表 4–6。就均值来看，分别达到了 851% 和 363%，均高于一般要求的 200% 和 100%。最差的直辖市平台的两个指标也分别达到了 202% 和 113%，均超过了安全临界值。但就投融资平台个体来看，各平台之间差异较大，约有一半企业的流动比率位于安全值以下，特别是省级投融资平台，仅 20% 的发行主体符合流动比率安全值要求。也就是说，整体均值体现出的偿债能力较好具有一定的迷惑性，均值主要由少部分情况较好的平台支撑，而一半左右的平台仍面临短期偿债的风险，尤其省级平台，80% 仍然表现出短期偿债能力较弱的特征。

表 4-6　各级别地方政府投融资平台偿债能力指标表

偿债能力 / 级别	短期偿债能力		盈利能力		
	流动比率	速动比率	净资产收益率	营业收入占利润总额比	营业收入占比大于政府补贴的比例
总体平均	851%	363%	2.54%	4.12%	22.31%
省级	258%	242%	3.97%	66.92%	60%
直辖市	202%	113%	1.23%	24.14%	42.86%
省会城市	635%	538%	2.24%	3.76%	30.56%
地市级	1223%	442%	2.93%	−0.77%	14.89%
区（县）级	364%	152%	1.95%	−2.57%	21.15%

数据来源：马海涛 . 地方政府投融资平台发展研究 [M]. 北京：中国财政经济出版社，2012

另外，将流动比率和速动比率进行对比可以看出，流动比率远远高于速动比率，特别是地市级和区（县）投融资平台相差最大。由此说明地方政府投融资平台大部分流动资产主要是周转较慢的存货。地市级和区（县）投融资平台主要的存货资产为划拨或者收储的土地以及替政府建设的各种基础设施项目。从这些存货资产的特征和质量可以判断投融资平台的偿债能力。一方面，就我国当前土地市场的现状而言，土地资产价值较稳定，但变现能力不太乐观，且由于在长期中土地价格存在波动性等原因，一定程度上将影响到投融资平台的偿债能力。另一方面，各种基础设施项目是否能成为投融资平台的偿债保障，还取决于项目建成后政府的回购协议以及建成后该片区域的招商引资条件是否得到绝对提升。

（2）盈利能力分析

企业的盈利能力是影响其长期偿债能力的因素之一，盈利能力好的企业在长期内具有较高的债务偿还能力。本书主要从净资产收益率、营业收入占利润总额比和营业收入占比大于政府补贴比例[1]三个指标来分析投融资平台的盈利能力。

资产收益率是应用最为广泛的衡量企业盈利能力的指标之一，该指标越高，表明企业资产利用效果越好，说明企业在增加收入和节约资金使用等方面取得了良好的效果，否则相反。如表 4–6 所示，从资产收益率来看，地方投融资平台的资产收益率很低，平均仅为 2.54%，区（县）级和直辖市投融资平台的该项指标尤其低，仅为 1.95% 和 1.23%，地市级投融资平台的资产收益率也不乐观，仅为 2.93%。

从营业收入占利润总额比和营业收入占比大于政府补贴比例的情况可明显看出，投融资平台主要凭借营业外收入以及补贴收入来满足资金持续运转的需求。一方面，营业收入占利润总额比仅为 4.12%，即投融资平台有 95.88% 的利润来源于非营业收入和政府补贴；另一方面，仅有 22.31% 的投融资平台营业收入占比大于政府补贴的比例。从各级别投融资平台的统计情况看，除省级和直辖市平台情况稍好外，省会城市、地市级和区（县）级平台的收益几乎都是来自于政府补贴，地市级和区（县）平台的经营利润甚至出现负的情况，由此说明了地方政府对这些平台的财政支持力度直接关系到投融资平台能否正常经营。

从以上分析可知，首先，地方政府投融资平台的短期偿债能力平均来看较好，但仍有超过一半的平台情况不容乐观，面临短期偿债的风险；其次，与一般企业相比，地方政府投融资平台的自身盈利能力较弱，依靠自身盈利的偿债能力十分有限。政府财政收入的水平以及政府对投融资平台的财政支持力度是决定地方政府投融资平台偿债能力的关键。

综上所述，地方政府投融资平台的抗风险能力较弱，其运营基本依赖地方政府和财政的支持，平台风险一方面极易转化为地方财政风险，另一方面将转化为金融风险。

[1] 和一般企业不同，投融资平台的盈利能力很大程度依赖于地方政府的补贴，所以将营业收入占利润总额比和营业收入占比大于政府补贴比例两个指标作为评价其自身盈利能力的参考。

二、地方政府投融资平台可能引发的财政风险分析

（一）地方政府性债务的可持续性及风险评估

1. 地方投融资平台债务规模

在分析地方投融资平台债务规模之前，首先需要说明投融资平台债务与地方政府性债务的关系。二者不是对等关系，而是包含关系，地方政府性债务包含投融资平台债务。从举债主体的角度看，我国的政府性债务除了投融资平台债务外，还包括公用事业单位债务，经费补助事业单位债务、地方政府部门和机构债务以及其他相关单位债务。投融资平台债务主要包括在证券市场或银行间债券市场上发行的债券，对拟投资项目委托金融机构发行的理财产品，以及通过平台公司向金融机构贷款。

由于地方投融资平台的负债不体现在地方政府的资产负债表上，因此对于这些债务的规模到底有多大一直存在着质疑。国内外学者、政府部门、金融监管部门均对当前投融资平台的债务规模进行了估计，本书将已有的、公开的估计数据总结如下。

（1）审计署的估计情况

为摸清地方政府性债务审计底数，2011 年上半年，审计署首次开展了对地方政府性债务的普查。审计结果显示，截至 2010 年，全国地方政府性债务余额为 10.7 万亿元。其中，全国省、市、县三级政府设立的 6576 家投融资平台公司 2010 年底的政府性债务余额为 49710.68 亿元，占全国地方政府性债务余额的 46.38%，其中政府负有偿还责任、担保责任和可能承担一定救助责任的债务分别占 63.12%、16.38%、20.50%[1]。

（2）中金公司的估计情况

中金公司的调研报告统计显示，目前地方政府直接和间接的主要负债有三类：地方投融资平台贷款、地方政府债、城投债。据其 2011 年 1 月发布的研究报告预计，到 2010 年底，地方政府性债务余额将达到 10 万亿元。其

[1] 审计署 35 号公告。

中，地方投融资平台贷款和城投债是最大的部分，平台贷款约为 9.1 万亿元，城投债 0.5 万亿元，即地方投融资平台债务综合为 9.6 万亿元，占地方政府性债务余额的 96%[1]。

（3）金融监管部门以及其他学者的估计情况

根据 2011 年 6 月 1 日中国人民银行发布的《2010 中国区域金融运行报告》估计，截至 2010 年末，地方融资平台贷款的上限为 14 万亿元。根据中国银监会公布的数据披露，2010 年底全国地方政府投融资平台债务余额约为 9 万亿[2]。国外有学者通过政府和银行签订的授信合同等信息，估算 2010 年底中国地方融资平台的债务达到 11 万亿[3]。

表 4–7　各部门及学者对地方政府性债务和投融资平台债务余额估计情况（截至 2010 年底）

部门	投融资平台债务余额（万亿）	地方政府性债务余额（万亿）	投融资平台占政府性债务余额比重
审计署统计数据	4.97	10.7	46.4%
中金公司统计数据	9.6	10.0	96.0%
人民银行统计数据	14.0	30.1/14.6	46.4%/96.0%
银监会统计数据	9.0	19.4/9.4	46.4%/96.0%
其他学者统计数据	11.0	23.7/11.5	46.4%/96.0%

数据来源：1. 审计署 35 号公告；2. 马海涛 . 地方政府投融资平台发展研究 [M]. 北京：中国财政经济出版社，2012；3. 何杨，满燕云 . 地方融资平台债务：规模、风险与治理 [J]. 财政研究，2012（2）:34；4.Shih Victor. China's 8,000 Credit Risks[J]. the Wall Street Journal,February 8,2010

由于统计口径的差异等原因，各部门、学者对投融资平台债务余额的估计有所出入，但均呈现出一个共同点：地方投融资平台债务是地方政府性债务的主要组成部分，且规模较大。人民银行、银监会以及其他学者没有

[1] 马海涛 . 地方政府投融资平台发展研究 [M]. 北京：中国财政经济出版社，2012:176.

[2] 何杨，满燕云 . 地方融资平台债务：规模、风险与治理 [J]. 财政研究，2012(2):34.

[3] Shih Victor. China's 8,000 Credit Risks[J]. the Wall Street Journal,February 8,2010.

具体估计地方政府性债务余额，本书分别根据审计署和中金公司统计的投融资平台债务占地方政府性债务余额的比例，推算出政府性债务余额的可能值。如表 4–7 所示，若按中金公司的比例 96% 计算，根据人民银行、银监会以及其他学者对地方投融资平台数据的估计推算，截至 2010 年底，我国地方政府性债务余额分别为 14.6 万亿、9.4 万亿和 11.5 万亿。若按审计署比例 46.4% 推算，至 2010 年年末，我国地方政府性债务分别高达 30.1 万亿、19.4 万亿和 23.7 万亿。

不同机构报告的数据存在较大差距，我们需要审慎地分析各个估计的可靠性。由于地方政府不被允许发行地方债券，其债务大多都是银行贷款，因此银监会和人民银行的数据相比较而言可能更为准确。

2. 债务的可持续性及风险评估

（1）通用债务指标的初步评价

根据国际经验，对债务风险的判断和评价有一些可参考的通用指标，本节通过对这些指标的测算，将其与国际警戒线进行对比，并结合我国的实际情况对地方政府债务风险进行初步评价。

债务评价指标的选取应遵循以下原则：一是当前地方财政负债形成机制复杂，缺乏完整的统计数据，计算指标时涉及的债务数据必须是可以取得的。二是国际上认为 GDP 反映了一个国家最终的偿债基础，但考虑到我国当前地方政府债务风险主要表现为流动性困难等因素，财政收入变量也应该纳入考虑。三是对于地方政府而言，如果能够及时、足额偿还债务，则可以认为地方财政具有流动性和清偿能力，否则存在债务风险。

本书所选取的评价指标如下：

①债务负担率

债务负担率反映国民经济的应债能力和政府债务影响经济的程度，一定程度上是政府举债的最高限度。国际上通用的债务负担率是年末债务余额和当年 GDP 的比值。欧盟《马斯特里赫特条约》认为债务负担率的警戒线为 60%，而我国学者根据我国的现实情况，认为我国债务负担率的最高上限应为 20%[1]。警戒线是针对整个国家的综合债务而言，因此，衡量地方政府债务负担率时，应根据地方债务占国债规模的比重相应地降低警戒线。例如，2010 年，我国地方政府债务占全国政府债务规模比重为 61.1%，相应的，地方政府债务负担率警戒线应为 36.66% 和 12.22%[2]。

另外，考虑到偿还债务的主要来源是财政收入，而我国财政收入占国民经济收入的比值相对于发达国家偏低，因此，为更全面、准确地衡量我国的债务负担，将年末债务余额和当年财政收入的比值纳入到评价指标中。本书将通过债务负担率 A 和债务负担率 B 来衡量我国的债务负担情况，计算公式如下：

债务负担率 A= 地方政府年末债务余额 / 当年 GDP

债务负担率 B= 地方政府年末债务余额 / 当年地方综合财政收入

其中：地方综合财政收入 = 地方政府本级财政收入 + 中央对地方税收返还与转移支付 + 地方政府基金收入 + 预算外收入

② 净增债务率

净增债务率是判断财政风险的主要依据，通过当年净增债务和当年 GDP 的比值来体现，它反映国民经济对当年净增债务的承受能力。《马斯特里赫特条约》认为净增债务率的最高上限应为 3%，与地方政府债务负担率警戒线情况相同，地方政府净增债务率的警戒线应相应调低，为 1.8%。计算公式为：

净增债务率 = 地方政府当年净增债务 / 当年 GDP

③ 债务依存度

债务依存度主要体现政府支出对债务的依赖程度，由当年债务净增额和当年财政支出的比值来表示。根据龚静、贾康、赵全厚等学者的研究，该指标的警戒线应在 15%–20% 之间。计算公式为：

债务依存度 = 地方政府当年净增债务 / 地方政府当年财政支出

[1] 裴育 . 构建我国财政风险预警系统的基本思路 [J]. 经济学动态，2003(9):28.

[2] 地方政府债务负担率警戒线应为：国家债务负担率警戒线 ×（地方政府债务余额 / 全国政府债务规模）。所以，根据《马斯特里赫特条约》的国家债务负担率警戒线和我国学者提出的警戒线数据，得出我国地方政府债务负担率警戒线的参考值应为：60%×61.1%=36.66% 和 20%×61.1%=12.22%。

其中：地方政府当年财政支出 = 当年一般预算支出 + 预算外支出 + 基金支出

表 4–8　各债务指标测算结果表（截至 2010 年底）

部门	债务负担率 A		债务负担率 B		净增债务率	债务依存度	偿债率	地方人均负债额	
	审计署比例	中金公司比例	审计署比例	中金公司比例				审计署比例	中金公司比例
审计署统计	26.7%	–	99.8%	–	4.2%	16.1%	6.55%	7980	–
中金公司统计	–	24.9%	–	93.3%	–	–	–	–	7458
人民银行统计	75.0%	36.4%	280.8%	136.2%	–	–	–	22447	10888
银监会统计	48.4%	23.4%	181.0%	87.7%	13.0%	49.3%	–	14468	7010
其他学者统计	59.1%	28.7%	221.1%	107.3%	–	–	–	17675	8576

数据来源：1.GDP、全国总人口数据来源于《2010 年中国统计年鉴》；2. 地方综合财政收入、地方财政支出来源于财政部 2010 年全国财政决算数据；3. 地方债务还本付息总额、审计署 2010 年净增债务额来源于审计署；4. 银监会 2010 年净增债务额根据 2009 年、2010 年银监会统计的投融资平台债务数据、按照审计署调查的投融资平台债务占地方政府性债务比重推算而来。

④偿债率

偿债率是当年财政收入中用于还本付息的比例，间接反映了财政收入扣除债务还本付息后的实际可用额度。中国社会科学院财贸所课题组研究认为，偿债率的警戒线应为 8%–10%；王晓光、高淑东则把偿付压力的最高限额设定在 20%。计算公式为：

偿债率 = 当年债务还本付息 / 地方政府综合财政收入

其中：地方政府综合财政收入 = 地方政府本级财政收入 + 中央对地方税

收返还与转移支付 + 地方政府基金收入 + 预算外收入

⑤ 地方人均负债额

地方人均负债额指地方居民人均债务的负担情况。以此指标和人均 GDP 进行对比衡量人均债务负担情况。计算公式如下：

地方人均负债额 = 当年债务余额 / 年末人口总数

从表 4–8 的计算结果可以看出：第一，从债务负担率指标的情况看，根据审计署的统计，我国地方政府债务负担率 A 为 26.7%，接近根据欧盟《马斯特里赫特条约》推算出的警戒线 36.66%，远远超过了我国学者根据我国国情提出的警戒线 12.22%。债务负担率 B 为 99.8%，说明当年的债务余额基本和地方财政的综合收入相等，债务规模较大；中金公司的统计情况和审计署基本一致；按审计署统计的投融资平台占地方政府性债务比例，银监会和其他学者统计推算出的债务负担率 A 在 50% 左右，人民银行的统计数据高达 75.0%，均远远超出了两个参考的警戒线，债务负担率 B 也均超过了 100%，人民银行数据最高，达到 280.8%。虽然各部门、学者对债务规模的估计有出入，但即便根据最保守的数据分析，也体现出我国地方政府的债务负担率过重，债务规模较大；经济发展所支撑的政府应债能力较弱，一旦债务偿还的其他环节出现问题时，财政收入不足以偿还如此巨大规模的债务。加之我国财政收入占国民经济收入的比值相对于发达国家偏低，若以国内研究标准来看，所有指标均反映出地方政府债务总体规模已处于十分危险的状况。

第二，从净增债务率的情况看，按审计署统计的数据测算，2010 年的净增债务率为 4.2%，按银监会数据测算得 13%。两个结果均远远超过了根据《马斯特里赫特条约》推算出的警戒线 1.8%。由此反映出 2010 年地方政府净增债务过多，债务累积形成的债务风险很大。

第三，从债务依存度的情况看，按审计署统计的数据测算，2010 年债务依存度为 16.1%，按银监会数据测算为 49.3%。根据我国学者研究的警戒线 15%–20%，审计署的估计已在警戒范围内，而银监会的估计比警戒线高出许多，由此说明了地方政府支出对债务依赖程度较高，存在较大的支出风险。

第四，从偿债率的情况看，2010 年，我国地方政府债务偿债率为 6.55%，接近中国社会科学院财贸所课题组提出的警戒线 8%–10%，远低于王晓光、高淑东提出的最高限额 20%。相对于其他指标，偿债率的情况较好，但是，由于 2008 年金融危机以来形成了三年的举债高峰，未来几年将成为地方政府的偿债高峰期。2011–2015 年直接债务还本付息规模为 8.83 万亿元[1]（其中，本金为 5.08 万亿元，利息为 3.75 万亿元），年均 1.76 万亿元。根据每年政府债务的增长趋势大概估计，未来几年偿债率有可能超过 20%，远远超出中国社会科学院财贸所课题组提出的警戒线，同时也超过了王晓光、高淑东提出的最高限额。因此，未来几年突增的偿债率一方面造成偿债困难，另一方面导致挤占可用财力情况严重，不利于财政资金支持其他各项事业的发展。

第五，从地方人均负债额的情况看，审计署和中金公司的统计数据比较接近，地方人均负债额分别为 7980 元和 7458 元，为当年人均 GDP 的 26.6% 和 24.9%；按审计署统计的投融资平台占地方政府性债务比例，银监会和其他学者统计推算出的地方人均负债额分别为 14468 元和 17675 元，占当年人均 GDP 的 48.2% 和 58.9%，人民银行的统计数据高达 22447 元，占当年人均 GDP 的比重为 74.8%。若按审计署和中金公司的统计数据分析，地方人均负债额相当于当年人均 GDP 的四分之一，情况相对较好。而银监会和其他学者的统计数据表明，地方人均负债额相当于当年 GDP 的一半甚至超过一半，人民银行的数据显示接近于当年 GDP 的四分之三。按银监会、人民银行和其他学者的统计数据分析，债务负担明显过重。

（2）地方政府债务适度规模的估算及比较

《中国地方债务管理研究》课题组从国际经验中分析了影响地方债务规模的重要因素，通过对各国数据的观察发现：第一，每个国家地方债务和 GDP 的比值在不同年份波动很小，地方债务和 GDP 的增长速度基本相同；第二，发达国家的地方债务 GDP 的占比明显高于发展中国家，联邦制国家的地方债务 GDP 占比明显高于单一制国家；第三，可能影响地方政府负债

[1] T 年付息规模 =（T-1）年债务余额 ×（T-1）年末 5 年期贷款利率。各年还本规模参照审计署公布的数据。

的其他因素还有地方政府的财政自给度和地方政府债务规模。在影响因素确定的基础上建立回归模型，来估算我国地方债务的合理规模[1]。回归结果表明，一个国家地方债务占 GDP 的比值可以用以下表达式进行估计：

Debt/GDP=-5.527+0.414Exp/GDP+0.046Self+2.138Adv+7.943Fed

Debt/GDP——地方债务与国内生产总值的比例

Exp/GDP——地方财政支出占国内生产总值比例，用来衡量政府规模

Self——地方政府的财政自给度，用地方财政自有收入和地方财政支出的比值来衡量，其中，财政自有收入为地方政府收入减去政府间的转移支付

Adv——代表是否为发达国家（发达国家为 1，发展中国家为 0，我国为 0）

Fed——代表是否为联邦制国家（联邦制国家为 1，否则为 0，我国财税体制更接近于联邦制，故为 1）

2010 年我国的 GDP 为 401202 亿元，地方财政总支出为 105551.5 亿元[2]，地方财政自有收入为 69479.3 亿元[3]，由此得出我国地方政府规模（地方财政支出占 GDP 比重）为 26.3%，地方政府的财政自给度为 65.8%。将以上数据代入到估算公式中，估计我国地方债务和 GDP 合理的比值为 14.87%，由此得出 2010 年我国地方政府债务的合理规模为 5.97 万亿元，这一规模远远小于各部门以及文献中估计的目前中国地方政府债务余额，最保守的估计值 10 万亿元也已超过合理规模的一倍左右。

通过以上对地方政府性债务规模的分析、债务可持续性的判断和评价以及债务合理规模的估计，可以看出我国地方政府债务规模较大，已基本超出了目前经济水平的可承受能力。从各部门、各文献对其数据统计的差异可以看出，我国地方政府性债务由于大量隐性的、或有的债务的存在，具有名目繁多、涉及面广、隐蔽性强的特点。涉及范围从应该承担的公益性资本性债

[1]《中国地方债务管理研究》课题组．公共财政研究报告——中国地方债务管理研究[M]．北京：中国财政经济出版社，2011:199-203.

[2] 根据财政部公布的《2010 年地方公共财政支出决算表》和《2010 年地方政府性支出决算表》中相关数据测算而得。

[3] 根据财政部公布的《2010 年地方公共财政收入决算表》和《2010 年地方政府性收入决算表》中相关数据测算而得，不包括中央对地方的转移支付收入。

务到缺乏市场效率的非公益性资本性债务，以及缺乏代际公平的经常性债务。由于大部分债务既无明确的统计定义和与之相对应的统计考核指标，也并不在预算中反映，长期游离于预算法律体系外，使人们无法对政府的真实债务有确切的计算和判断，使这部分债务长期脱离于财政监督，由此，潜在财政风险发生的可能性极大。

（二）地方政府投融资平台的金融风险与财政风险的联动传导

1. 地方政府投融资平台对银行体系的冲击及所形成的金融风险分析

银行贷款是构成地方政府投融资平台债务的绝对主体，截至 2010 年底，有 79.01% 的债务来自于银行贷款，共 8.47 万亿元[1]。这些贷款分别来自于国家开发银行、中国农业发展银行、中国进出口银行等政策性银行以及各商业银行。根据国家开发银行 2010 年年报[2]显示，2010 年贷款余额为 4.5 万亿元，其中，公共基础设施的投入占 28.97%，公路及铁路设施占 22.75%，电力行业占 11.51%，石油石化占 9.29%，农田水利、邮电通讯以及煤炭总和占 4.73%，其他行业占 22.75%。因此可以估计，国家开发银行贷款中，大概有 80% 属于地方政府债务，约为 3.6 万亿元。中国农业发展银行的地方政府性贷款占比较小，根据 2010 年年报[3]显示，贷款投向主要集中在新农村建设、农村基础设施建设以及农村综合开发等，总计 2000 亿元。中国进出口银行的信贷业务与地方政府性债务联系微小，基本可以不予考虑。因此，扣除政策性银行的贷款份额，可推算出截至 2010 年底，各商业银行所供给的地方债务资金大约为 4.67 万亿元。

投融资平台利用银行贷款优势在于：一是使用方便、操作简单，与其他融资方式相比，程序及耗费时间较少；二是资金量充足，在获得授信前提下有充分的后续保障；三是以政府的支持为背景进行垄断性的基础设施建设，容易获得银行的授信；四是银行业的竞争逐年加剧，城市商业银行、外资银

[1] 马海涛 . 地方投融资平台发展研究 [M]. 北京：中国财政经济出版社，2012:261.

[2] 国家开发银行网站。

[3] 中国农业发展银行网站。

行的大举入围改变了国有商业银行垄断的局面，为投融资平台的融资提供了机遇。然而，投融资平台过度依赖银行贷款，将对银行体系的安全形成冲击，为金融风险埋下隐患。第一，由于平台贷款数量大，回收期限长，而商业银行负债多是活期、短期存款，从而使商业银行资产负债期限匹配度被扭曲，增加银行的经营风险；第二，贷款资金的投入多为基础设施建设等公益性领域，降低了平台的经营性收益率，在偿还能力受限的情况下将加大银行坏账形成的可能；第三，由于有关部门对债务的举借过程缺乏管理和监督，银行贷款信息透明度较低，容易造成“贷款滥用，资金滥用”的不良后果。

（1）银行短存长贷，投融资平台短借长投的期限错配风险

由于投融资平台所涉及的投资项目多为基础设施等公益性项目，建设周期较长，商业银行为地方投融资平台提供的贷款多为长期贷款。而商业银行不具有长期稳定的收入来源，其资金来源大多为短期、活期的存款，因此，银行资产负债期限错位加大了商业银行的经营风险。2009 年以来，银行资产负债期限错配问题上升，银行资产的期限因项目投资日益依赖中长期贷款而拉长。由于贷款可定期重新定价，因此，利率错配风险有限，但期限错配给银行流动性管理带来了挑战。

表 4-9　全国各地区银行业金融机构中长期贷款情况表

年份	全国中长期贷款占比	东部地区中长期贷款占比	中部地区中长期贷款占比	西部地区中长期贷款占比	东北地区中长期贷款占比
2009	55.4%	–	–	–	–
2010	60.2%	57.4%	58.7%	66.0%	59.2%
2011	59.1%	54.6%	58.9%	70.3%	59.5%

数据来源：《中国人民银行统计季报 2012-4 期》;《中国区域金融稳定报告（2012）》

从表 4-9 中可以看出，在地方政府投融资平台中长期贷款的推动下，银行业金融机构贷款中以中长期贷款为主。2009 年，全国中长期贷款占贷款总额比重为 55.4%，2010 年增加到 60.2%，2011 年也基本保持在 60% 左右。西部地区情况尤为明显，中长期贷款占贷款总额比重高于其他地区以及全国

平均水平。2010年为66.0%，2011年增长到70.3%。从银行业金融机构的存款结构来看，如表4-10所示，长期存款占各项存款总额的比重在40%左右。从以上分析可知，我国银行业金融机构的资产负债期限存在一定程度的不匹配，尤其西部地区的不匹配程度相对较高。银行短存长贷的现象，将使商业银行所面临的风险逐步暴露。

表4-10　全国银行业金融机构存款结构表

单位：万亿元

年份	长期存款占比	各项存款总额	长期存款		
			合计	居民定期存款	企业定期存款[1]
2009	41.3%	59.8	24.68	16.0	8.68
2010	38.4%	71.8	27.56	17.8	9.76
2011	40.9%	81.0	33.16	21.0	12.16

数据来源：《中国人民银行统计季报2012-4期》

另外，投融资平台短借长投的现象，将导致贷款的偿还无法实现，将进一步增大银行逾期贷款数量，有引发坏账风险的可能。

（2）逾期贷款压力以及坏账风险分析

①逾期贷款压力分析

根据银行2011年半年报数据统计，包括五大国有商业银行在内的12家银行的逾期贷款额出现较大幅度上升，金额达到3270.14亿元。大部分银行逾期贷款额较年初增幅普遍超过10%，较为严重的增幅甚至接近25%。

具体来看，12家银行逾期贷款平均增长率约为3.4%。其中，有9家逾期贷款余额较年初增加，增幅均值为12.8%。有6家银行增幅超过10%，其中，民生银行、浦发银行、光大银行增幅最大，逾期贷款额分别较年初增长约24.7%、22.2%和17.9%；在五大国有商业银行中，有3家逾期贷款额较年初出现上升，其中，中国银行增幅为10.1%；建设银行增幅约为10.09%；

[1] 企业定期存款按《中国人民银行统计季报2012-4期》中非金融企业存款额的40%计算。

交通银行较年初增幅约 5%[1]。

逾期贷款既是监测银行资产质量的重要指标之一，也是预测不良贷款率的前瞻性指标，多家银行出现逾期贷款额明显增多，从一定程度上表明当前部分贷款发放对象还款能力不足。据国家审计署统计数据显示，2010 年 10.7 万亿元的地方政府性债务大部分来源于银行贷款，由此可以推算出逾期贷款中应当有相当一部分属于偿债能力堪忧的地方政府投融资平台。由此，地方政府投融资平台是银行逾期贷款压力的主要来源。

② 不良贷款及坏账风险分析

从银行的不良贷款率情况看，近年来不良贷款率呈现出下降趋势，2011 年年末，商业银行不良贷款余额为 4279 亿元，比上年年末减少 57 亿元，不良贷款率为 1.0%，比上年末下降 0.1 个百分点。根据银行分类来看，农村商业银行和大型商业银行的不良贷款率下降最多，和 2010 年年末相比，2011 年年末分别下降了 0.3 和 0.2 个百分点，具体如表 4–11 所示。

表 4–11 2010 年和 2011 年各商业银行不良贷款情况对比

单位：亿元

机构	2010 年底		2011 年底		对比	
	不良贷款余额	不良贷款率	不良贷款余额	不良贷款率	不良贷款余额变动	不良贷款率变动
商业银行合计	4336	1.1%	4279	1.0%	−57	0.1%
大型商业银行	3125	1.3%	2996	1.1%	−129	0.2%
股份制商业银行	566	0.7%	563	0.6%	−3	0.1%
城市商业银行	326	0.9%	339	0.8%	13	0.1%
农村商业银行	271	1.9%	341	1.6%	70	0.3%
外资银行	49	0.5%	40	0.4%	−9	0.1%

数据来源[2]:《2012 中国金融发展报告》

值得注意的是，虽然不良贷款率均呈现出下降趋势，但城市商业银行和

[1] 来源于网络：http://blog.cnr.cn/3。

[2] 张中华，朱新蓉，陈红 .2012 中国金融发展报告 [M]. 北京：北京大学出版社，2012:56.

农村商业银行的不良贷款金额却增长了 13 亿元和 70 亿元，这是由于信贷高速扩张中新增贷款的增长速度快于不良贷款的增长速度。

分区域看，截至 2011 年底，东部、中部、西部以及东北地区银行不良贷款余额分别为 3769 亿元、2482 亿元、1990 亿元和 1680 亿元，中部地区和东北地区的不良贷款情况较为严重，不良贷款率分别为 3.0% 和 4.2%，如表4–12所示。与2010年相比，四个区域的不良贷款余额和不良贷款率均减少，其中，东北地区和中部地区降幅较大，东北地区不良贷款率下降了 1.9 个百分点，中部地区下降 1.4 个百分点。

表 4–12　2010 年和 2011 年各区域银行不良贷款情况对比

单位：亿元

区域	2010 年底		2011 年底		对比	
	不良贷款余额	不良贷款率	不良贷款余额	不良贷款率	不良贷款余额变动	不良贷款率变动
东部地区	4236	1.5%	3769	1.2%	–467	–0.3%
中部地区	3170	4.4%	2482	3.0%	–688	–1.4%
西部地区	2355	2.7%	1990	1.9%	–365	–0.8%
东北地区	2100	6.1%	1680	4.2%	–420	–1.9%

数据来源[1]:《中国区域金融稳定报告（2012）》

通过以上对我国近两年的银行不良贷款情况的分析可知，我国不良贷款率较低，不良贷款情况良好，仅从不良贷款的角度看，我国总体贷款质量较好。然而，一方面，世界银行在《中国金融部门评估报告》[2] 中指出，我国不良贷款率降低的主要原因是 2008 年对某大型银行 8160 亿元的不良贷款的剥离和处置。另外，除了由于不良贷款下降外，还因为信贷的高速扩张使不良贷款率显得相对较小。另一方面，广州证券金融行业分析师俞冲认为，逾期贷款增加是不良贷款率上升的先兆。单看不良贷款率不能全面、准确地反映

[1] 中国人民银行上海总部金融稳定分析小组．中国区域金融稳定报告（2012）[M]. 北京：中国金融出版社，2012:16.

[2] World Bank.China Financial Sector Assessment[J].2012:6-7.

贷款质量的变动情况。

投融资平台当前的大规模银行贷款以及尚未进入偿债高峰期，加之其他政策原因，使我国目前的不良贷款情况表现出良好特征。但从长期进行深入分析发现，仅从不良贷款情况判断贷款质量的好坏具有一定的片面性和迷惑性。在未来数年内，地方投融资平台贷款出现大规模银行坏账的可能性仍然存在，具体分析如下：

第一，未来数年，规模巨大的投融资平台贷款将进入偿债高峰期，而投融资平台主要涉及的基础设施项目具有长期性和非营利性特征，无法保证投融资平台的偿还能力。以公路贷款问题为例，一方面，对于收费公路，车辆通行费收入是项目的主要还款来源，但由于某些路段车流量低于预期，车辆通行费收入不足以偿还贷款本息。另外，高速公路建成初期收费能力较弱，现金收支不匹配矛盾突出。在高速公路建成初期，受路网形成时间、周边省市建设进度以及沿线经济条件等因素影响，车流量增长有限。收费能力较低，项目收入不能有效覆盖还本付息支出。以某高速公路为例，从 2011–2015 年现金收支来看，现金收入平均每年约为 30 亿元，本息平均每年约 45 亿元，存在 15 亿元的缺口。另一方面，对于不收费公路项目，除财政安排部分补助资金外，主要还款来源是相关储备地块开发整治的收益，但受房地产调控的影响，土地成交量下降，储备土地变现难度增加，项目偿债难度加大。

第二，投融资平台贷款、房地产业贷款和个人住房贷款等项目都有内在联系。在房价调控不放松的条件下，显然不利于平台公司贷款的回收。银行大力支持投融资平台贷款，最初是建立在经济持续高速增长、土地预期收益不断提高、平台资产的变现能力较强的前提下。如果经济增长速度放缓，国家宏观调控政策改变，土地价值不能达到预期目标，土地收益不能实现，大部分投融资平台的资金链将面临严峻考验。由此，银行未来不良贷款率的大幅反弹、金融体系坏账的形成极有可能变为现实。

综上所述，当前，中国银行和金融部门运行稳定、发展健康，但存在一定的中期脆弱性。投融资平台推动的快速信贷扩张将导致贷款质量恶化，经济增长减缓和房价的下跌将进一步引发金融风险。

2. 金融风险和财政风险的联动传导

在资源配置和宏观调控中，财政与金融呈现出互动的关系，两者之间的任何一方出现风险都不可避免地影响另外一方。在成熟的市场经济体制下，财政和金融在各自作用的区域内行使自己的职能，有着严格的分工，两者相对独立。因此，财政风险与金融风险之间没有直接的联动效应，不存在财政向银行透支等内在传导机制，但如果由于财政风险引起国民经济运行情况的恶化，将会间接地诱发金融风险。另外，财政作为公共主体，担负着承接其他经济主体无力承担的风险，当金融系统出现自身不能解决的危机，发生金融风险时，财政将作为社会风险的最终承担者，将导致金融风险转化为财政风险。

在市场经济体制不完善的情况下，财政与金融的职能存在诸多相互交叉和重叠，出现职能错位与越位现象，决定了财政风险与金融风险之间的转化是直接联动和间接联动交叉传导。首先，财政运行与金融运行存在资金相互渗透的内在传导机制。由于经济增长、城市化发展以及体制性因素导致的财政收入无法保障财政支出，被迫以各种手段向银行以及其他金融部门举债，而举债资金大量用于收益率较低的公共基础设施类投资，无法保障金融贷款的偿还，进而引发金融风险。同时，由于财政原因引发的金融问题的公共性，以及国有独资或控股金融机构在整个国民经济中的重要地位，金融风险具有了财政性的特点，为保证金融机构的正常运转，防止金融风险的扩大和蔓延，维护政治经济的稳定局面，必然由财政来“托底”，充当“最后贷款人”的角色。金融风险最终转化为财政风险。

在我国市场经济体制不完善的背景下，地方政府通过组建投融资平台，来完成城市化进程中的城市开发以及提高城市基础设施的供给水平，通过投融资平台形成了大量与金融机构链接的、以政府信誉或财政变相担保的地方政府性债务，从而生成了财政运行与金融运行在资金方面相互渗透的内在传导机制，这种相互渗透的内在传导机制将诱发金融部门的道德和职业风险，促使金融机构不良资产规模膨胀，从而使财政隐性支出风险金融化，最终导致金融风险。随后，在金融风险爆发后，财政为防止金融风险波及社会经济的稳定，作为公共利益的代表，将充当最终风险的承担者，金融风险进而最终由财政买单，转化为财政风险。

综上所述，当前地方政府通过投融资平台进行的基础公共设施、公益性项目的投融资行为，一方面导致地方政府性债务规模过大、管理和监督机制不健全，危机债务的可持续性发展，进而转变为财政风险；另一方面，地方政府投融资平台作为财政和金融资金链的连接中介，将财政风险和金融风险紧密捆绑，财政风险通过资金链的内部连接传导到金融部门，引发金融风险，而财政将进一步承担金融风险引发的社会风险，最终形成不可避免的财政风险。

三、小结

本章首先分析了地方政府投融资平台的运作模式和制度缺陷，对投融资平台本身的抗风险能力进行评估。认为当前地方政府投融资平台的运作存在决策、担保、效率和监督方面的制度缺陷，并提出地方政府投融资平台的抗风险能力较弱，其运营基本依赖地方政府和财政的支持，平台风险一方面极易转化为地方财政风险，另一方面将转化为金融风险。其次，在对地方政府投融资平台有一个清楚认识的基础上，分别从地方政府性债务的可持续性及风险评估和平台的金融风险和财政风险联动传导两个方面，对地方政府投融资平台可能引发的财政风险进行分析。最后得出以下结论：一是我国以地方投融资平台债务为主的地方政府性债务规模较大，已基本超出了目前经济水平的可承受能力，且具有名目繁多、涉及面广、隐蔽性强的特点。地方政府及财政部门缺乏对债务的管理和监督，由此潜在财政风险发生的可能性极大。二是地方政府投融资平台作为财政和金融资金链的连接中介，将财政风险和金融风险紧密捆绑，财政风险通过资金链的内部连接传导到金融部门，引发金融风险，而财政将进一步承担金融风险引发的社会风险，最终形成不可避免的财政风险。

第五章

城市化进程中地方财政风险的治理与防范

根据前面章节对城市化进程中地方财政风险形成路径的探讨，以及对地方财政风险的分析及评价，本章试图找出可以突破和完善的内容，提出治理和防范城市化进程中地方财政风险的政策建议。首先，从明晰农村土地资产产权和推进农村集体土地直接入市转让两个方面，提出我国土地制度的改革应由“政府主导”向“市场主导”转变；其次，从明确中央与地方政府事权划分范围、适当赋予地方税收立法权及培养地方主体税种的角度，提出应逐步推进中央与地方财政关系的改革，改变地方在财政关系上的弱势地位；最后，从逐步推进地方“举债权”制度的改革和规范地方投融资平台发展两方面，提出对地方政府债务制度改革和完善的建议。

一、基于土地制度改革的土地资本化由“政府主导”向“市场主导”转变

土地不仅是一种资源，更是一种资产。随着我国土地产权制度的不断改革，土地资本化在经济发展的不同阶段呈现出不同的形式和功能。目前，城市国有土地资本化已日渐成熟，但在现有的土地制度框架下，由于农村土地所有权制度存在产权不明等问题，集体土地资本化仍然是以“政府主导”的

改变所有权结构的形式进行。这种“政府主导”的土地资本化的过程，使农村土地的实际价值被严重扭曲，不仅导致了政府和农民的利益严重失衡，同时对地方“土地财政”的形成起到了制度性的推动作用。充分发挥“市场主导”的农村土地资本化，能够实现农村土地价值市场化、合理化，从而从经济上阻断地方政府通过低价征收、征用农村集体土地，再转手倒卖土地使用权的生财之路，从制度源头上防范“土地财政”所引发的财政风险。

（一）明晰我国农村土地资产产权

1. 明晰我国农村土地产权的必要性

新制度经济学认为，产权是一种权利，是一种社会关系，是规定人们相互行为关系的一种规则。西方产权理论通过“法和经济学”的充分融合，认为产权不仅仅是一个财产归属问题，同时是一个经济运用问题，产权直接关系到如何使资源得到有效配置，以满足人们的无限需要。现代产权理论的核心问题是产权的界定清晰，是在假设交易费用为正值的基础上，探讨产权安排对效率的影响，并提出清晰的且具有法律效力的产权界定可以提高效率[1]。

我国农村集体土地所有权制度存在土地所有权主体不明的问题。集体土地所有权主体——“集体”是一个模糊不清的概念。集体所有权主体没有人格化的代表来行使其权力，导致土地集体所有权在事实上的虚置。从法律意义上讲，农村土地集体所有的土地所有权形式仍然不是民法意义上完全的所有权形态。

农村土地所有权主体不明、所有权性质的模糊导致了集体土地所有权行使过程中的所有权弱化，使政府较之集体处于强势地位，在较大程度上束缚和影响产权，使农村土地产权缺乏保护，也无法形成以“市场主导”的土地资本化形式。

---

[1] 杨劲．农村土地资本化：基于资本、产权和制度视角的研究 [M]. 广州：广东人民出版社，2011:14-196.

结合现代产权理论的观点，在推进“市场主导”的农村土地资本化的过程中，一个无法回避的重要问题就是要使国家、集体或农民个人的产权边界清晰，产权界定合理。而所有权是财产权的核心，明晰财产所有权是财产有效使用的前提。

2. 明晰我国农村土地产权的具体做法

回顾我国土地制度变迁的过程，在农业合作化与集体经营阶段，农村土地所有权由农民私有转变为集体所有，国家通过高度集中统一的计划来控制和管理土地上的生产经营活动，土地上的任何权利都不能转移、出租，这一时期的土地所有权界定极其模糊。随着家庭联产承包责任制的实行，从产权变革的角度看，是对人民公社时期农村集体资产产权的进一步明晰。因为在农业合作化与集体经营时期，农村集体资产只有公有（集体所有）一个层面，是所谓的“人人有份而又人人无份”的典型体现。而家庭联产承包责任制采取双层经营的形式，在集体所有这一层面下，通过对土地使用权的重新配置，分解了对农村资产的农民个人拥有和经营的另一层面，农村资产产权相对前一时期而言得到了比较清晰的界定。但是，在家庭联产承包责任制中，仍然没有彻底解决产权模糊不清的问题。主要表现在，农民拥有的仅是农村集体土地的使用权，并没有真正获得在西方国家普遍实行的对土地的所有权。如果农民获得对土地的所有权，那么毫无疑问，无论从实践上还是理论上，产权明晰化的任务就基本完成了。但在现实中，农民对土地的所有是与现行的宪法相悖的。本书认为，重要的问题不在土地是否实行私有化，而在于对相关产权的清晰界定和确认。也就是说，对土地的使用权的进一步清晰和确认，需要相关法律法规的建立，并被社会信用系统所认可，从而使土地使用权能合法合理地被看作一种资本或资产的形式，并在实践层面上能够如普通资本一样参与到市场的分配关系中。这样，农村土地的使用权和所有权在某种意义上基本一致，从而达到产权明晰的目的。

另外，实现农村土地产权明晰化需要具备一系列的条件，首先，应建立完善的产权登记制度；其次，借助中介组织对农村资产进行客观、准确地评估；最后，农村土地资产在运营过程中与各种产权主体的结合或交易都需要对资产本身有个清晰的界定。

（二）加速推进农村集体土地直接入市的土地制度改革

在明晰了我国农村土地产权的基础上，通过完善我国土地用益物权制度，建立国家所有权和集体所有权平等的土地产权制度，加速推进农村集体土地直接入市的土地制度改革。

1. 推进城市土地用益物权和农村土地用益物权的平等性

2007 年 3 月，《中华人民共和国物权法》的制定和颁布，实现了对传统物权法的创新，建立了中国特色的土地用益物权制度。用益物权是物权的一种，是指非所有人对他人之物所享有的占有、使用、收益的排他性的权利。比如土地承包经营权、建设用地使用权、地役权、自然资源使用权等。

1978 以来，农村土地制度和城市土地制度的改革都是沿着“两权分离”的路径前进，在保障了土地的国家所有权和集体所有权的同时，发展出建设用地使用权、土地承包经营权、宅基地使用权等制度。在中国特色社会主义市场经济体制下，土地所有权制度（城市土地国家所有，农村土地集体所有）不可能解决个人对共有土地的支配和处分问题，那么，我们就只能借土地用益物权制度，在使用、收益权能之外，再赋予土地用益物权以处分职能，建立个人对公有土地的激励和处分机制，才能使公有土地进入市场。在《中华人民共和国物权法》的框架内，土地用益物权已基本具备了“不是所有权，胜似所有权”的特征，包括土地承包经营权、建设用地使用权、宅基地使用权等在内的土地用益物权，都可能成为公民合法的私有财产之标的[1]。

但是，城市土地的用益物权和农村土地的用益物权存在不平等的问题。目前，《宪法》、《土地管理法》、《房地产管理法》规定城市土地归国家所有，土地使用权可以依照法律规定进行转让；而农村集体土地只有通过国家征

[1] 吴次芳，靳相木．中国土地制度改革三十年 [M]. 北京：科学出版社，2009:219-220.

收的方式，由国家所有后才能进入土地市场依法转让，农村土地使用权并没有在真正意义上存在，农村土地承包经营权作为农村土地使用权的体现，与城市土地使用权在法律意义上是不平等的。因此，要使农村集体土地真正进入土地市场的流转，就必须推进城市土地用益物权和农村土地用益物权的平等性，使农村集体土地拥有和城市土地同等的、能在土地市场中合理流转的使用权。

2. 加速推进农村集体土地直接入市的土地制度改革

为了加速城乡统筹一体化的发展，达到节约集约用地，尤其是保护耕地的目的，同时保障广大农民群众的真正利益。国家将农村集体建设用地的流转作为农村土地制度改革的一项重要内容，将某些省、市作为试点，开始有条件地实行。

苏州作为集体土地流转的试点地区之一，从 1996 年就开始了对集体建设用地使用权流转的探索和实践。安徽芜湖作为国土资源部批准确定的农村建设用地使用权流转试点城市，从 2000 年开始试点工作。2003 年 4 月，国土资源部在该市召开了农村集体所有建设用地使用权流转试点总结研讨会，并专门发出了〔2003〕48 号会议纪要，充分肯定了芜湖市流转试点的成果。广东省作为我国改革开放的前沿阵地，从 20 世纪 90 年代中期就开始了农村集体建设用地流转试点。2005 年 6 月广东省政府以省政府令第 100 号颁布了《广东省集体建设用地使用权流转管理办法》，并从当年 10 月 1 日起施行，成为全国第一个在全省范围内推行集体建设用地使用权流转的省份。该办法规定：可以通过出让、出租、转让（含土地使用权作价出资、入股、联营、兼并和置换等）、转租和抵押的方式，使土地利用总体规划中确定并经批准为建设用地用途的集体土地直接进入市场交易，入市交易的前提是须经本集体经济组织村民会议 2/3 以上成员的同意，土地不得用于商品房地产开发，只能用于兴办各类工商企业、公共设施和公益事业以及兴建农村村民住宅。由农村集体组织对出让、出租所得收益进行统一管理，并规定 50% 以上专款专用于本集体经济组织成员的社会保障安排。该办法的施行，标志着广东省的农村集体土地将与国有土地一样，可直接进入土地市场进行交易。

从以上对集体建设用地流转历史的回顾可以看出，一方面，目前我国农村集体土地直接入市流转的范围不大，除了几个城市试点和广东省外，没有在全国范围内全面展开；另一方面，从《广东省集体建设用地使用权流转管理办法》中的具体规定可以看出，农村集体土地直接进入土地市场自由流转仍然受到一些条件限制，不具备像城市土地一样较完善的城市土地市场。

本书认为，在坚持集体建设用地使用权流转的基本原则下，一是扩大集体土地直接入市流转的范围，在全国实现全面展开；二是进一步改善城市国有土地所有权和农村集体土地所有权不对等的局面，从相关法律法规的规范方面，完善土地物权制度，废除对农民集体所有土地相关权益的歧视性规定，促进城市土地和农村集体土地二者间的平等性，建立统一、开放、有序的农村土地交易市场体系，充分体现农村土地的实际市场价值。

综上所述，农村土地产权明晰是农村集体土地交易市场形成的前提条件。在农村土地产权明晰的基础上，农村集体土地直接进入市场流转一方面从经济上阻断了地方政府通过低价征收、征用农村集体土地，再转手倒卖土地使用权的生财之路；另一方面将打破地方政府在城市土地市场中处于卖方垄断的局面。使土地资本化由“政府主导”向“市场主导”转变，在这一过程中，地方政府不再是农地征用市场上的垄断需求者和土地出让市场上的垄断供给者,由此将从制度的源头上控制地方“土地财政”的发展，进一步防范由“土地财政”引发的地方财政风险。

二、逐步推进中央与地方财政关系的改革

地方政府过度依赖土地出让收入维持地方财政运转，通过投融资平台进行融资满足城市化进程中日益扩大的公共服务需求，原因之一要追溯到 1994 年的财政体制分税制改革。1994 年财政体制分税制改革重新确立了中央和地方的财政关系，重点调整了财政收入在中央和地方间的分

配，由于其制度设计的倾向性，改革后中央财政收入占全国财政收入的比重大幅提高。在支出格局基本不变的情况下，财力的向上大幅集中导致了支出责任的相对下移，使体制矛盾和公共服务供给的压力逐步集中于地方政府，形成财政困境。深化分税制改革、推进中央和地方财政关系的改革是根本性解决地方财政困境问题，规范地方财政发展模式的首要的、关键的举措。在此情况下，对分税制的改革不应仅是细枝末节的修补，而应当从制度性安排入手，进行一次大的变革，以改变地方在财政关系中的弱势地位。

（一）明确划分中央与地方的事权范围

合理划分各级政府的事权范围是规范中央与地方财政关系的首要前提。本节从分析发达国家事权划分的情况入手，借鉴发达国家的有用经验，提出明确划分我国中央与地方事权范围的具体做法和需要完善的方面。

1. 发达国家事权划分的启示与借鉴

美国的政府体系由联邦、州和地方三级组成，各级政府间支出责任（事权）的划分清晰、规范。美国宪法单独列举了联邦政府事权，而以未列举的剩余事权归于各地。联邦政府主要负责国防、外交、国际事务以及保持经济增长与社会稳定几个方面，社会稳定主要是指社会福利方面。各州、地方政府主要负责联邦政府事权范围之外的州管事务。具体的，联邦政府全权负责国防支出、社会福利支出与医疗保险等；基础设施建设、公共教育等事务由州政府负责；地方政府主要负责火灾消防、排水、警察服务等项目。美国支出事权划分具有以下两个特点，一是支出范围划分法律化；二是按照受益原则，联邦政府和各级地方政府均形成了各自主要的职责和支出范围。

加拿大、德国、澳大利亚的相关法律不仅对联邦政府事权做了规定，对州及地方政府事权也进行了一一列举，对各级政府间事权的划分更详细、清楚。加拿大宪法一一列举联邦事权与各省事权，如有未列举的事权发生时，根据事务性质来划分其归属。另外，加拿大还通过建立中央与地方的事权协商机制——联邦和省政府定期进行讨论和协商，根据环境和发展的变化对事权的划分做出调整[1]；德国的《德意志联邦共和国基本法》对联邦、州、地方三级政府的事权范围作了详细规定，上级政府与下级政府间不是简单的领导与被领导关系，其职责和财力界限十分明确，不存在越权和相互干预的现象。联邦政府主要负责国家安全和武装、海关、外交、运输和通讯系统、社会保障与福利。州和地方政府主要负责辖区内的环境保护、基础设施、教育等方面。另外，法律还规定了联邦和州政府共同承担的事务。澳大利亚相关法律也对联邦政府、州政府以及地方政府所要承担的事权进行了清晰、细致的划分。联邦政府负责外交、国防、海关、社会保障等全国性公共事务，通讯运输等基础设施以及对宏观经济的调控。州和地方政府负责辖区内的公共服务、基础设施以及城市管理。

日本的《宪法》、《地方自治法》、《财政法》、《地方财政法》等法律除了规定了中央政府和地方政府分别负责的事务外，还明确规定了中央政府与地方政府共同负责的事务。在确定了各级政府的事权的基础上，有关法律还对各种公共事务的支出责任进行了规定：（1）中央政府事务费用原则上由中央财政负担；(2)完全涉及国家利益的事务费用全部由中央财政负担；（3）地方公共团体所需要的经费均由该公共团体负担；（4）中央政府与地方政府共同负责的事务费用由中央财政负担其全部或部分费用。

总之，发达国家的事权划分具备以下几个特点：第一，各级政府间事权和支出范围的划分明确、清晰。各国根据中央与地方政府各自的比较优势分别细化了中央负责的事务和地方负责的事务，关于中央和地方共同负责的混合事务，有的国家还建立了中央与地方的协商机制，对事权的划分定期做出调整；第二，完善的法律体系保证了事权划分的合法性、强制性与规范性。各国的事权划分都有完善的财政法制体系来支撑。如美国、加

[1] 文政．中央与地方事权划分 [M]. 北京：中国经济出版社，2008:86.

拿大的事权划分写入了宪法，德国的事权划分依照《德意志联邦共和国基本法》、《财政预算法》、《财政平衡法》来进行，日本的事权划分则依照《宪法》、《地方自治法》、《财政法》、《地方财政法》等。

2. 明确界定我国中央与地方政府间事权的划分

从公共物品的特征与受益性角度看，应当将政府所承担的事权划分为纯中央事权、纯地方事权以及中央与地方混合型事权。从这个角度看，当前我国中央与地方政府间的事权划分存在以下问题。第一，关于纯中央事权和纯地方事权的划分，存在政府间的“越位”和“缺位”现象，一方面，应由中央承担的事项，被完全或者部分推给了地方政府。如地方驻军补贴，在分税制改革关于财政支出的规定中，应由中央承担，但在实际运行中却将支出责任推给了地方，这种“中央请客，地方埋单”的情况导致地方政府责任能力不足，加重其财政负担。另一方面应由地方政府承担的事务，中央政府承担了一部分，并且由于存在信息不对称而导致中央政府行为的低效率。第二，就中央与地方混合型事权而言，各级政府在基础设施建设、农业、教育、社会保障、医疗卫生等事业发展等支出责任划分不具体、不明确，在政法领域的事权确定也较为模糊。第三，由于我国没有形成财政法制化体系，事权的划分没有相应完善的法律法规作为依据，缺乏法律效力，导致了事权执行不规范。有些事权虽有明确分工，但执行中调整随意性大，违规相互越权的现象普遍存在。

针对我国事权划分的具体问题，依照事权划分的基本原则，在借鉴发达国家经验的基础上，本书认为应从以下几方面进一步规范、明确我国中央与地方的事权划分。

（1）对中央政府事权和地方政府事权做出清晰界定

由于我国在各级政府的事权划分没有上升到法律规范的层面，使得实际上各级政府间的事权并没有明显区别，除了少数事权如外交、国防等专属于中央政府外，地方政府拥有的事权几乎完全是中央政府事权的翻版[1]。

[1] 刘全顺，魏俊，张献勇．地方财政体制的法律问题研究 [M]. 北京：知识产权出版社，2011:57.

本书将事权在各级政府间的划分进一步细化，具体如下。

第一，就纯中央事权而言，中央政府主要负责社会经济稳定和提供全国性的公共物品两方面。具体为，在稳定社会经济方面，主要负责宏观调控政策以及收入再分配政策的实施，实现经济的稳定增长和区域经济的协调发展，稳定物价、保证供需和进出口大体平衡；提供全国性公共物品主要包括国防、外交与国际事务。

第二，就纯地方事权而言，地方政府主要承担本地区经济、事业发展支出以及提供受益范围为本地区的公共物品两方面。具体为，一是在国家宏观经济政策的指导下，制定地方发展战略规划和改革思路方案；二是负责城市公共设施的建设与维护，水、电能源等供应以及消防、治安等地方性公共秩序管理等。

第三，就中央和地方混合型事权而言，中央和地方共同承担的事务包括社会保障、义务教育、公共卫生、基础设施、资源环境几方面。在社会保障方面，中央政府负责养老保险、重特大灾害和事故救助；省级政府应负责辖区居民福利保障政策的制定、农村低保、地方性灾害和事故救助；县级政府负责居民福利保障政策的实施与日常管理。在教育方面，中央政府负责制定义务教育全国最低经费标准、非义务教育的其他公共性教育支出；省级政府负责义务教育教师工资、校舍建设维护等；县级政府负责义务教育学校日常管理、教师工资、校舍建设和维护。在公共卫生方面，中央政府负责制定全国标准、全国性的重大疫病和传染病防治；省级政府负责公共卫生服务资源布局、地方性疾病防治；县级政府负责公共卫生、医疗机构的建设与运转。在基础设施方面，中央政府负责国道、主干铁路线等跨省重大基础设施和基础产业项目的建设；省级政府负责地区性交通基础设施的维护以及跨区县交通干线等基础设施的日常维护；县级政府负责路灯、给排水工程等城乡公共设施建设的维护。在资源环境方面，中央政府负责大江大河与全流域国土整治，以及全国性环保重点项目；省级政府负责区域性河流治理与国土整治，以及辖区内的环境改善；县级政府负责日常环境的监测及报告[1]。

（2）促进事权划分法制化，形成有效的管理监督机制

我国政府间事权划分不清晰的一个重要原因是没有相应的法律法规进行有效约束，因此应将政府间事权的划分上升到法制化的层面。我国在财政方面的法律仅有《预算法》一部，且《宪法》、《预算法》等法律中仅对财政活动的基本原则、国家机关的财政权限做出了原则性规定，执行力度和约束效力较差。本书认为，应当在宪法中规定中央与地方财政权限划分原则的基础上，再通过制定《中央与地方关系法》将各自的权限进一步细化。与联邦制国家相比，单一制国家更强调制衡，对我国地方政府事权的相关规定，可以考虑采取剩余保留权的方式，即只规定禁止地方政府行使的权力，其余为地方政府可以行使的权力，这样，一方面地方政府在其权限范围内有权抵制中央政府不符合相关法律规定的命令和要求，使中央政府不得随意限制或改变地方政府权限范围内的事权[2]。

另外，还应进行相应的机构改革，建立中央事务执行、监督体系，减少委托事务，提高政策的一致性、合理性和有效性。除了按照支出有效性原则将一部分事务委托地方政府具体承办、共同事务由地方政府具体管理外，中央政府事务主要通过中央本身的机构来组织实施。同时，加大对委托事务、共同事务的监督管理力度，形成有效的管理监督机制。也可借鉴加拿大的经验，关于中央和地方混合型事权，建立事权划分协商机制，定期进行讨论和协商，根据有关变化情况做出一定调整。

（二）适当赋予地方税收立法权及培养地方主体税种

根据分权定理，与中央政府相比，地方政府更接近自己的公众，更了解辖区居民的效用与需求，如果下级政府和上级政府提供同样的公共物品，由下级政府提供则效率更高。据此分析，地方政府将承担大部分的事权和支出责任，如果财权和财力过度集中于中央政府，财力和事权不匹

[1] 李萍．财政体制简明图解 [M]. 北京：中国财政经济出版社，2011:220.
[2] 孙德超．财政体制的政治分析 [M]. 北京：社会科学文献出版社，2012:155-156.

配，地方财政将面临财政支出困境。为了解决财力不足的困境，地方政府开始通过税收之外的预算外资金，如土地出让、土地抵押贷款等方式获得财政收入，逐渐发展成为了地方“土地财政”模式。这种模式一方面不具有可持续性，另一方面使财政资金游离在预算监管之外，造成财政运行的混乱。由此，要规范地方财政的行为，必须重新调整中央与地方政府间的权力关系和利益关系，使二者在相互影响和制约的条件下实现双赢。

1. 适当赋予地方税收立法权，扩大地方税源和财政管理权

税收立法权直接决定是否有权设置税种、调整税率等，从而决定税收资源在中央政府与地方政府之间的配置。目前，我国地方政府没有税收立法权和解释权，税权集中于中央。

关于税收立法权的下放，有不少学者提出了不赞同的观点，认为会造成地方对税收立法权的滥用，从而形成地方保护主义，危害全国统一市场的形成。另外，把大量课税权放在地方一级，不仅与中国统一的宪法不符，而且可能缩减中央宏观调控政策可选择的范围。诚然，在单一制国家，如果地方财政自主权过大，不但下放税收立法权的优势难以体现，反而可能造成宏观调控能力下降、“诸侯经济”盛行等问题。然而，税权的高度集中尽管从一个侧面实现了全国的统一和协调，但却将地方的发展置于中央决策风险中。地方无法根据自身的情况选择开征或者减免某些税种，也无法合理享用自身税源产生的税收，而只能依靠全国性的税收制度分配框架来完成本地的公共产品和服务融资，这种依靠制度性的机制来获取地方财力的行为，使得地方没有自主决定权，扼杀了地方发展的多样性和自主性。同时，也会催生地方政府的机会主义行为，如地方预算外资金和地方制度外资金的膨胀。因此,适当的下放税权有助于提高分税制财政体制的透明度，缓解地方政府的违规行为。

在下放税权过程中，首先应遵循以下原则：第一，中央政府必须统筹规划，按照市场经济对财政体制的要求，在明确中央与地方政府事权的基础上赋予地方政府相应的税权；第二，逐步稳妥的下放，地方税收立法应

遵循有限原则、不抵触原则和不重复原则。有限原则是指与中央立法权相比，地方立法权是一种受制约的、不完全的立法权；不抵触原则是指地方应在不与宪法、税收法律法规相抵触的基础上，根据本区域的具体情况和实际需要立法；不重复原则是指对明确规定中央拥有专属立法权的中央税、中央地方共享税，除法律另有特别规定外，地方不得对该税目重复立法征收。

在遵循上述原则的基础上，逐步建立一种既体现中央统一管理，又体现地方自主性的税权模式。具体操作包括以下三个方面：第一，中央政府掌握中央税与共享税的立法权；掌握全国性地方税的立法权，尤其是事关社会主义市场经济统一性、地区间协调发展的地方税的立法权。第二，对于其他也具有全国性影响、但影响程度不如上述税种程度大的地方税，应采用中央和地方共同享有开征权，地方享有在中央规定的税率幅度内适当调整税率、减免税审批等权限。第三，对于某些地方性较强、且不影响全国经济发展和分配格局的地方税立法权，应赋予地方，地方在其权限范围内，有权决定开征或暂停某一税种，或制定地方税的优惠政策等。

2. 选择和培育地方主体税种

主体税种是指在某一税制体系中税源较为稳定、税基较宽、征收较为容易且收入在全部税收收入中占相当比重的某一个或某几个税种的总称。在我国，现行的地方税体系体现出地方政府对共享税收依赖程度较高，缺乏主体税种的特征。从近十年的数据看，地方税收基本依靠营业税、增值税、企业所得税、个人所得税和城市维护建设税，占地方总税收超过 80%，其中，营业税、增值税、企业所得税这三类中央地方共享税收入占地方税收总收入的比重平均达到了 68.5%[1]。由此说明，地方政府过于依赖中央地方共享税，缺乏独立的主体税种。这种税收格局不利于地方财政的稳定性和独立性。因此，选择和培育地方主体税种是保证地方财源稳定性和可持续性的重要保障。

[1] 李升 . 地方税体系研究 [M]. 北京：中国财政经济出版社，2011:165-166.

（1）逐步培育财产税为地方主体税种

经济发达国家基本上以财产税作为地方税主体税种，尽管发展中国家目前未能以财产税作为地方税主体税种，但都纷纷采取措施，加快财产税成为地方主体税种的进程。就我国现状而言，应借鉴发达国家经验，逐步推进财产税成为地方税主体税种的改革。

财产税具备成为地方主体税种的良好品质，主要表现在以下几个方面。第一，财产税税基具有非流动性、地域性和普遍性特点。财产税的课税对象一般为非流动性要素，税基基本上是稳定的；一个地区不动产的规模具有相对的稳定性，很少随经济周期的变化大起大落。另外，不动产的价值往往随着经济的发展不断提升，税基能够随着经济的发展保持一定的增长弹性。因此，对财产的课税成为地方政府丰富的税收来源，使地方政府的收入不易发生周期性波动。

第二，财产税所负担的公共产品具有明显的受益区域和受益对象，符合受益原则。对辖区内课征财产税，明显体现了纳税与受益的对等原则，即从财产拥有者那里获得税收收入，并将这些税收收入用于地方政府为这些财产和财产拥有者服务。具体的，一个地区基础设施的改善、公共服务水平的提升，将推动本地区财产价值和价格的提高，而财产价格的提高反过来又拓宽了税基，为地方公共服务供给提供了更多的财力支持。

第三，财产税可以保证地方政府行为的问责性、透明性和有效性。由于财产是经济循环中从生产环节流出资本的另一种形态，是财富的存量，如果将财产税作为地方税主体税种，可以减少地方政府从生产领域获取收入的动力，从而减少地方政府对市场和经济循环的干预和破坏。同时，地方政府的收入来源直接与本辖区居民的利益相关，辖区居民将成为地方政府收入水平的第一制约因素，有助于对地方政府收入行为的约束和监督，进而提高地方政府的财政效率[1]。

党的十六届三中全会在《关于完善市场经济体制若干问题的决定》中

[1] 高亚军．中国地方税研究 [M]. 北京：中国社会科学出版社，2012:160-161.

提出：实施城镇建设税费改革，条件具备时对不动产开征统一规范的物业税，相应取消相关费用。2011 年初，中央以上海、重庆为试点开始征收房产税。上海征收对象为本市居民新购房且属于第二套及以上住房和非本市居民新购房，税率暂定 0.6%；重庆征收对象是独栋别墅高档公寓，以及无工作户口、无投资人员所购二套房，税率为 0.5%-1.2%。之后，中央多次表示，要“扩大个人住房房产税改革试点范围”，但是迄今为止，房产税试点依然未有推进。

随着国民收入的快速增长和国民收入分配格局的变化，中国居民财富积累的速度不断加快。特别是近年来房地产市场的快速发展，中国居民的不动产数量增长迅猛，为财产税成为地方税主体税种提供了充足的条件。我国征收财产税已经具备了一定的经济基础。另外，根据马克思的地租理论，财产税对目前地方财政的土地出让金具有一定的替代作用，开征财产税可以逐步改变地方财政以土地出让金作为主要收入来源的格局，在保障地方财政收入的同时，可以进一步规范地方财政的运行模式。由此，应逐步将财产税培育为地方主体税种，并通过建立健全的财产登记与清查制度，建立公信的财产价值评估机构和合理的价值评估方法，建立完善的征税管理办法，建立税务部门与土地管理部门、城市规划、财产评估等部门与机构的信息共享机制，来完善我国的财产税制度。

（2）优化汽车税费政策，加大地方汽车税的征收比例与强度

随着城市化进程的加速推进，城市汽车数量大幅增长，甚至超过人口的增速。汽车数量的增加无疑使道路养护的支出增长，同时也增加了城市环境污染治理和拥挤管理的费用支出。因此，机动车辆的所有权和使用是一种迅速增长的城市税税基，同时，对机动车辆进行征税，有利于回收由于汽车的使用而造成的公共支出成本，也可控制汽车使用的社会成本。

从汽车税的征收理由和征收目的来看，由地方政府主要来征收汽车税较为合理。地方政府通常负责建设和维护大量的城市道路基础设施，负责管理城市交通等公共服务，因此，应赋予地方政府运用财政工具控制拥挤

的权力，提供与机动车辆最佳增长相匹配的城市基础设施。

从发达国家的经验来看，德国的汽车相关税费是继增值税和工薪税之后的第三大收入来源，约占总体税收的10%，主要包括燃料税、车辆所有权年度税、燃料增值税和商用卡车通行费。日本的汽车税收约占日本总体税收的10%，由多达9个税种构成，涵盖了汽车的购买阶段、保有阶段和使用阶段。具体来说，在购置阶段，主要有汽车购置税和消费税；在保有阶段，主要包括汽车税和微型汽车税；在使用阶段，政府还征收挥发油税、轻油交易税和石油燃气税等。另外，地方汽车税在日本全部汽车税收中占较大比例，大约为60%左右。丹麦政府从购买和使用两个方面对汽车消费课以重税，首先，消费者购车时需要支出的费用有消费税、注册税和牌照税等；其次，对所有注册上路的车辆在使用过程中征收一些常规汽车使用税，包括绿色所有者税（即环保税）、燃油抵销税、能源税等。另外，对低能耗的节能汽车则予以税收减免，从而严格控制汽车总量和排放总量，抑制汽车消费和促进环境保护。在发展中国家，汽车的拥有与使用是很容易被忽视的税基，大部分发展中国家的汽车相关税费占总税收比重较低，因此，在汽车相关税费征收方面仍然具有很大的财政收入潜力可挖掘。

目前，我国涉及汽车的主要税收有增值税、车辆购置税和车船使用税。其中车辆购置税属于国税税收，全部归属中央；增值税在中央和地方间分别按75%和25%的比例进行分配；车船使用税划归地方。汽车税的征收呈现出三个特点，一是汽车相关税费占我国财政收入比重微乎其微；二是汽车税费主要集中在购买阶段，在保有和使用阶段几乎没有涉及，没有体现多用多付费的原则；三是中央是汽车税的主要受益者，地方在汽车税方面获得的收入极少。2011年，全部归属中央的车辆购置税为1927亿元，而归属地方的车船使用税仅为260亿元，仅为中央的13%[1]。

从我国目前汽车税政策的实际情况出发，结合汽车税的特征和发达国

[1] 数据来源于财政部网站2011年全国财政决算数据。

家经验，本书认为，应从以下几个方面优化汽车税费政策。

第一，发达国家对汽车相关税费的征收基本有效覆盖了汽车的购买、保有和使用环节，并且针对汽车购买环节设置的税率一般较低，税收主要集中于汽车的使用阶段。我国的情况与此正好相反，导致了以下问题：一方面，在城市化加速发展的背景下，对汽车购买数量的增长所起到的抑制作用有限；另一方面，缺乏由于汽车大量使用带来的道路建设及维护、拥堵治理、环境污染治理等公共支出相对应的收入来源。由此，应当按汽车购买、保有及使用三个阶段设置税种科目，降低购置阶段税负，提高保有和使用环节税负。汽车购买阶段的税费是车主为获得新车合法拥有权所必须支付的费用，包括增值税、消费税、购置税等。在该环节，应遵循税种税目设置简化易行的原则，尽量将复杂、多头的税收合并，采用分级、分类税率体现国家税收的调控作用；在保有和使用阶段，提高保有和使用阶段税负，提高目的税税率，充分体现道路交通公平受益、低碳环保的理念。在该环节，可将年度执照税、拥挤费、停车费等相关税费的纳税理念和初衷考虑进来，实施细化的税收政策，按车型实施税收差别对待，对一些特殊用途的车辆实施减免税政策。

第二，从财力与事权相匹配的角度，结合受益原则来看，汽车的增多所带来的各种社会成本（公共交通支出以及拥堵情况的治理）和环境成本（汽车增多所带来的污染）主要由地方政府承担，因此，应当调整中央与地方在汽车相关税费的分配比例，提高地方汽车相关税费的比例，并加大征收强度。

三、推进地方政府债务制度的改革和完善

我国《预算法》明确规定，除法律和国务院另有规定之外，地方政府不得发行地方政府债券。这一规定使地方政府没有发行债券的权力。然而，城市化进程中地方基础设施建设融资的迫切需求驱使地方政府通过“地方投融资平台”融资，形成大量的隐性和或有债务，这些债务无法在现有的

法律框架内被有效约束和监管，存在很大的风险隐患和危害。因此，发展地方债券市场，规范地方投融资行为，提高地方政府资金使用的透明度，是缓解地方债务风险和财政风险的当务之急。

（一）逐步推进地方“举债权”制度的改革

在我国《预算法》规定地方政府不允许发行公债的背景下，地方政府通过投融资平台形成的或明或暗的大量地方政府性债务，既不利于债务本身的管理，也不利于对经济的调控。继续在法律上实行禁锢，不仅没有任何意义，反而对有关债权人权益的保护极为不利。更为危险的是，如果让这种状态继续，某些地方政府盲目且混乱的负债行为将愈发严重，存在极大的风险隐患[1]。开通地方政府公开发债渠道，规范地方政府融资偿债制度，不失为一种标本兼治的办法。

在目前我国财政、金融体制和资本市场发育不完善的前提下，法律上对地方发行债券实行全面放开，将可能对已相当严重的地方债务风险起到推波助澜的作用。因此，地方债券市场建设不能急于求成，应采取“择优试点，逐步推进，制度完善，市场抉择”的路径[2]。

1. 发债路径：择优试点，逐步推进

地方政府发行债券的体制可以采取先试点，然后逐步放开的方式。地方政府发债，就是通过资本市场融资进行地区项目建设，就要面对市场机制“优胜劣汰”的考验。为防止地方政府过度举债，促进地方债券市场平稳发展，地方政府应采取渐进式的改革方法，在先期试点的基础上，有步骤、有条件地在全国范围内推进。首先，应根据经济发展状况、财政运行状况以及产业发展状况等方面，对各地方进行一个综合评定，根据综合评定的结果，择优选取综合发展状况排名靠前的地方作为发行债券试点。综合发展状况的评定依据包括以下几个方面：第一，经济发展较快，经济结构较

[1] 敬志红．地方政府性债务管理研究 [M]. 北京：中国农业出版社，2011:161-170.

[2]《中国地方债务管理研究》课题组．公共财政研究报告——中国地方债务管理研究 [M]. 北京：中国财政经济出版社，2011:155.

合理，地方产业在国内外具有一定竞争力；第二，政府宏观能力较强；第三，财政自给能力较强，财政收入有保障，经常性预算基本平衡，至少在三年内没有赤字；第四，建设项目产生的现金流稳定，足以偿还债券的本息等。其次，在先期试点运行良好的基础上，逐步扩大试点范围，最后在全国范围内推行。

2. 发债种类：收益债券和一般责任债券的分阶段实行

从发达国家经验来看，地方政府债券（市政债券）一般分为一般责任债券和收益债券两类。一般责任债券是指直接由政府发行的，以政府一般征税能力（财政收入）为担保的债券；收益债券是指政府或者政府的代理机构，以政府特定的事业收入为担保而发行的债券，特定的事业收入主要是指债券筹集资金所投入的项目，如桥梁、道路的收费收入，供水、电、煤气等基础设施项目的收费收入。一般责任债券和收益债券的根本区别在于偿还债券的资金来源不同，一般责任债券的偿还资金来源于政府信用和全部的财政收入，而收益债券的偿还资金来源于投入项目的自身收益（不排除政府给予一定限额的补助）。

就一般责任债券而言，如果没有有效的制度制约，缺乏适当的财税预算约束和法律约束，加上决策责任机制不健全和地方政府的自我约束力较差，将导致地方政府有着无限扩大支出的偏好和冲动，进而导致借债过度的问题。在地方财政预算软约束问题没有从制度上解决的情况下，地方领导人强烈的政绩倾向、债务期限与任期制的不匹配、偿债责任的不明确等，很容易导致地方过度借债，进而引发债务风险。另外，我国地方财政缺乏较好的透明度和信息披露，对一般责任债券的信息难以预期和评级。因此，在我国当前的制度环境下，地方政府发行一般责任债券的时机尚不成熟。

收益债券既具有部分政府债券的性质，也具有部分企业债券的性质。相对于一般责任债券，不直接构成地方政府债务，有利于减轻地方政府财政压力和债务负担。收益债券的发债条件包括发债单位是否具有较好的信用评级，是否具有较好的市场环境，主要是从投资群体的实力和规模来考量，以及地方政府或发债单位是否具有相应的债务管理能力。以我国目前的情况来看，首先，随着城市化进程的加快，我国对基础设施的需求日益强烈，有相当具有稳定现金流的项目需要融资；其次，近年来我国的债券市场发展迅速，投资主体多元化，基本具备了较好的金融生态环境；最后，投融资平台的发展使地方政府已经具备了一定的债务管理能力，只需进一步完善在监督等方面的制度。由此，我国已基本具备了发行收益债券的条件。

综上所述，地方政府发行一般责任债券的时机尚不成熟，应积极培育收益债券，促进地方基础设施建设。

3. 建立地方公债运营机制，完善外部制度环境

地方公债运营机制的完善，是保证基础设施收益债券能够顺利发行、运营、偿还的基本保障，主要从以下几个方面推动地方公债运营机制的建立。第一，建立动态信息披露机制。在债券发行过程中和发行后，监管部门应当对披露的信息、披露的时机等进行合理、详细的规定，以足够的信息透明度监督和纠正地方政府行为。第二，建立严格规范的地方公债投资决策机制。防范决策失误导致的地方债务风险，提高债务的资金使用效率。第三，建立风险预警机制。有效控制债务规模的同时，加强政府信用评级，规范债务担保程序，合理确定地方政府的信用风险。第四，建立地方公债保险制度。借鉴美国信用风险防范制度的组合经验，采取抵押、多元负债等信用增级方式，推动保险公司“债券保险”业务的开展，形成我国债券市场的综合立体式信用风险防范制度体系。

此外，发展地方债券市场是一项系统工程，在对地方债券市场核心要素建设的同时，全面改革和完善外部制度环境，是确保地方债券市场平稳发展的重要方面。良好的外部制度环境会推动地方债券市场的发展，为进一步发挥证券市场机制调节作用，通过市场配置资源，实现社会效率最优化形成制度层面的保障。完善外部制度环境主要包括以下几个方面：第一，进一步完善财政体制，包括收入分配、转移支付、土地财政一级政府预算制度等。同时加强政府治理，改进干部选聘制度。第二，进一步加强

投融资体制建设，完善资本市场。确保债券在进入市场后服从价格机制，不可违背收益与风险相一致的规则；加强资本市场的监管，构建来自证券监管机构的权威管理和证券自律组织全面监督的监督体系。第三，完善相关法律体系，健全各项法规，对地方债券市场的良好发展提供必要的法律支撑。

（二）规范地方投融资平台的发展

和市场化的投融资公司相比，我国投融资平台过于依赖政府、抗风险能力较弱，从成立、运作到管理都存在一定的制度缺陷。因此，在地方政府负债合法化的基础上，规范地方投融资平台的发展显得尤为重要。投融资平台公司管理相当于整个政府性债务管理的内部控制，是一个需要重点关注和特别注意的环节。如果对投融资平台管理公司的管理流于形式，投融资平台自身发展不稳定，无论法律上如何强调地方政府发行债务的合法性，政府性债务风险仍然是一个突出问题。本书从以下几个方面，推进投融资平台管理制度的完善。

1. 投融资项目的决策遵循成本效益原则

所谓“成本效益原则”，是指在会计信息供给与需求不平衡的状况下，会计信息供给花费的成本和由此而产生的需求之间要保持适当的比例，保证会计信息供给所花费的代价不能超过由此而获得的收益，否则应降低会计信息供给成本。

市场经济条件下，企业的目的在于追求最大的经济效益。成本管理要为这个目的服务，树立成本效益观念。在地方投融资平台的管理中也应遵守成本效益原则，尤其对投融资项目，要树立成本管理的成本效益观念。所谓成本管理的成本效益观念是指成本管理要从投入与产出的对比分析来判断投入的必要性和合理性。产出与投入的比值越大，则说明成本效益越高，相对成本越低。另外，考察成本应不应当发生的标准是产出是否大于成本，如果大于，则该项成本是有效益的，应该发生，否则就不应该发生。成本效益指标应当作为投融资平台管理上具有实际否决意义的唯一标准。

2. 规范政府担保行为，加强银企合作

土地抵押权和收费质押权、财政部门出具的承诺函是地方政府对投融资平台债务的主要担保方式。首先，土地抵押权和收费质押权难以有效对偿债资金进行担保。以土地储备中心为例，收储的土地作为抵押物来说，存在法律瑕疵。通常，平整的规划好的土地，由于可以及时变现，地方政府会选择立即挂牌出让而不是抵押给银行，地方政府作为抵押的土地大部分属于没有平整完毕、未支付拆迁费用的土地。如果投融资平台的贷款出现问题，银行常常无法立即处置这些作为抵押的土地。不仅如此，土地储备中心对于土地出让的回笼款项没有实际的掌控能力。因为土地出让的资金必须首先回流至地方政府的预算账户，然后采取分流机制，部分回流至土地储备中心，部分作为他用。最为关键的问题是，作为承贷主体的投融资平台对这些偿债来源的收入没有实质上的控制权。其次，由财政部门出具的承诺函也是一种风险缓释的方式，从法律上讲，不具有任何法律效力。由财政承诺函进行担保的银行贷款从本质上说是信用贷款。另外，由于承诺函不具有法律效力，在受到当地政府行政意图影响较大的情况下，财政部门对负债总额偿还风险上缺乏理性的考虑，而投融资平台过度依赖出具承诺函的担保方式，将导致承诺函所做的还款承诺往往超出当地财政的实际还款能力，可用于偿债的资金不足以覆盖投融资平台的偿债风险。

显然，在担保不规范的情况下，银行承担了过多的风险，成为了地方投融资平台的最大债权人，所以加强银企合作，是规范政府担保行为，规范投融资平台建设最直接，也是最有效的办法。事实上，在所有公司企业中，银行等金融机构的风险控制能力是相对较强的，并且已经建立了一套行之有效的风险控制体系和负债资金管理体系，地方投融资平台应当严格根据银行的风险控制体系内容、指标等进一步规范政府的担保行为。另外，应当尽快完善关于政府担保的相关法律法规的制定，以法律的强制性对政府不规范的担保行为形成较强的约束力。

3. 强化投融资平台的信息披露机制

规范的信息披露、较高的财务透明度是一个企业安全、高效运转的重要前提。当前，地方投融资平台信息披露机制不健全、财务不透明的问题尤其突出，主要总结为以下几个方面：第一，全国范围内投融资平台的数量没有一个准确的统计，审计署、相关部门以及各类研究机构和学者的统计数据均有出入；第二，从银行的角度看，地方投融资平台的融资总量无法准确确定，导致投融资平台的债务规模无法准确衡量，尤其是以非货币出资部门的价值评估问题较多；第三，投融资平台的内部风险控制系统不够完善，财务状况不透明，使得监管部门和信贷机构难以了解其真实状况。

本书认为，强化投融资平台的信息披露机制，首先要建立和落实信息披露责任制度，一方面明确地方政府信息披露责任，另一方面制定详细的投融资平台内部的信息披露内容，明确投融资平台的信息披露责任，保证投资者能够及时、准确地了解项目运行的真实情况。其次，在责任明确的基础上，强化有关监管部门、社会舆论和广大民众对投融资平台信息披露情况的监督，形成多元化的信息披露机制监管体系。最后，将政府部门、投融资平台的信息披露权责上升到法律层面，通过制定相关法律法规对各部门信息披露权责进行有效约束。

四、小结

本章从城市化进程中地方财政风险形成路径的分析中，找出可以突破和完善的内容，提出治理和防范城市化进程中地方财政风险的政策建议。第一，从明晰农村土地资产产权和推进农村集体土地直接入市转让两个方面，提出我国土地资本化应由“政府主导”向“市场主导”转变。在农村土地产权明晰的基础上，农村集体土地直接进入市场流转一方面可以从经济上阻断地方政府通过低价征收、征用农村集体土地，再转手倒卖土地使用权的生财之路；另一方面将打破地方政府在城市土地市场中处于卖方垄断的局面。由此从制度的源头上控制地方“土地财政”的发展，进一步防范由“土地财政”引发的地方财政风险。第二，从明确中央与地方政府事权划分范围、适当赋予地方税收立法权及培养地方主体税种两方面，提出应逐步推进中央与地方财政关系的改革，改变地方在财政关系上的弱势地位。通过对财政体制的完善，克服地方财政收入不足、支出过重的现状，找到“土地财政”的替代模式，控制地方融资规模的大幅增长，以此防范地方财政风险的发生。第三，从逐步推进地方“举债权”制度的改革和规范地方投融资平台发展两方面，提出对地方政府债务制度改革和完善的建议。认为开通地方政府公开发债渠道，是规范地方政府债务制度、加强地方政府债务管理，从而防范债务风险的行之有效的办法；另外，投融资平台自身运营的规范性，包括成本收益的衡量、政府担保的规范、有效利用银行的风险控制体系以及信息披露机制的完善是建立健康的地方政府债务制度的重要保障。

参考文献

[1]罗纳德·丁·奥克森.治理地方公共经济[M].北京：北京大学出版社，2004

[2] 刘尚希.地方政府或有负债：隐匿的财政风险 [M].北京：中国财政经济出版社，2004

[3] 阿瑟·奥沙利文.城市经济学 [M].北京：中信出版社，2003

[4] 布坎南.宪政经济学 [M].北京：中国社会科学出版社，2004

[5] 布坎南，马斯格雷夫.公共财政与公共选择 [M].北京：中国财政经济出版社，2000

[6] 马斯格雷夫.财政理论与实践 [M].北京：中国财政经济出版社，2003

[7] 傅志华.国家财政安全论 [M].北京：人民出版社，2001

[8] 时红秀.财政分权、政府竞争与中国地方政府债务 [M].北京：中国财政经济出版社，2007

[9] 丁伯康.城市建设投融资战略模式及案例分析 [M].北京：中国商务出版社，2004

[10] 郭庆旺，赵志耘.财政理论与政策 [M].北京：经济科学出版社，2003

[11] 国务院农民工办课题组.中国农民工问题前瞻性研究 [M].北京：

中国劳动社会保障出版社，2009

[12] 丛树海 . 财政扩张风险与控制 [M]. 北京 ：商务印书馆，2005

[13] 李朝鲜,陈志楣,李友元 . 财政或有负债与财政风险研究 [M]. 北京 ：人民出版社，2008

[14] 张志超 . 财政风险——成因、估测与防范 [M]. 北京 ：中国财政经济出版社，2004

[15] 林毅夫 . 制度、技术与中国农业发展 [M]. 上海 : 上海三联书店 .1994

[16] 丹尼斯 · C. 缪勒 . 公共选择 [M]. 北京 : 商务印书馆，1999

[17] 张吉光，梁晓 . 商业银行全面风险管理 [M]. 北京 : 立信会计出版社 .2006

[18] 约翰 · 伊特韦尔，默里 · 米尔盖特，彼得 · 纽曼 . 新帕尔格雷夫经济学大辞典 [M]. 北京 : 经济科学出版社 ,1999

[19] 布坎南 . 公共物品的需求与供给 [M]. 上海 : 上海人民出版社，2009

[20] 布坎南 . 自由、市场、国家 [M]. 北京 : 北京经济学院出版社，1989

[21] 诺斯 . 制度、制度变迁与经济绩效 [M]. 上海 : 上海三联书店，1994

[22] 诺斯 . 财产权利与制度变迁 ：产权学派与新制度经济学译文集 [M]. 上海 ：上海人民出版社，1996

[23] 罗伊 · 巴尔，约翰尼斯 · 林 . 发展中国家城市财政学 [M]. 北京 ：中国财政经济出版社，1995

[24] 杜莉 . 城市财政学 [M]. 上海 ：复旦大学出版社，2006

[25] 王金龙等 . 财政风险与金融风险 [M]. 北京 ：中国财政经济出版社，2004

[26] 侯荣华，葛建新 . 中国财政风险研究 [M]. 北京 ：中国计划出版社，2005

[27] 李明月 . 我国城市土地资源配置的市场化研究 [M]. 北京 ：中国经济出版社，2007

[28] 曲波 . 中国城市化和市场化进程中的土地计划管理研究 [M]. 北京 ：经济管理出版社，2011

[29] 周介铭 . 城市土地管理 [M]. 北京 ：科学出版社 ,2010

[30] 李仙飞 . 马克思主义视域之西方公共服务有效供给理论 [M]. 北京 ：社会科学文献出版社，2011:2–4

[31] 康芒斯 . 制度经济学（上册）[M]. 北京 ：商务印书馆，1994

[32] 潘光辉 . 失地农民社会保障和就业问题研究 [M]. 广州 ：暨南大学出版社，2009:32

[33] 王蒙徽 . 广州城市发展中失地农民城市化的问题研究 [M]. 北京 ：中国建筑工业出版社，2011:75

[34] 曹小武 . 中国地方政府债券发展研究 [M]. 武汉 ：湖北人民出版社，2012:30–32

[35] 马海涛 . 地方政府投融资平台发展研究 [M]. 北京 ：中国财政经济出版社，2012:176

[36]《中国地方债务管理研究》课题组 . 公共财政研究报告——中国地方债务管理研究 [M]. 北京 ：中国财政经济出版社，2011:199–203

[37] 张中华，朱新蓉，陈红 .2012 中国金融发展报告 [M]. 北京 ：北京

大学出版社，2012:56

[38] 中国人民银行上海总部金融稳定分析小组 . 中国区域金融稳定报告（2012）[M]. 北京 : 中国金融出版社，2012:16

[39] 杨劲 . 农村土地资本化 : 基于资本、产权和制度视角的研究 [M]. 广州 : 广东人民出版社，2011:14-196

[40] 吴次芳，靳相木 . 中国土地制度改革三十年 [M]. 北京 : 科学出版社，2009:219-220

[41] 文政 . 中央与地方事权划分 [M]. 北京 : 中国经济出版社，2008:86

[42] 刘全顺 , 魏俊 , 张献勇 . 地方财政体制的法律问题研究 [M]. 北京 : 知识产权出版社，2011:57

[43] 李萍 . 财政体制简明图解 [M]. 北京 : 中国财政经济出版社，2011:220

[44] 孙德超 . 财政体制的政治分析 [M]. 北京 : 社会科学文献出版社，2012:155-156

[45] 李升 . 地方税体系研究 [M]. 北京 : 中国财政经济出版社，2011:165-166

[46] 高亚军 . 中国地方税研究 [M]. 北京 : 中国社会科学出版社，2012:160-161

[47] 敬志红 . 地方政府性债务管理研究 [M]. 北京 : 中国农业出版社，2011:161-170

[48] 姜爱华，马静 . 城乡结合部公共服务供给的财政政策研究 [M]. 北京 : 经济科学出版社 ,2012

[49] 吴伟东 . 城市化进程中移民贫困问题与财政压力估算 [J]. 人口与

经济，2011（6）

[50] 刘尚希，许航敏，葛小南，孙洁. 地方政府投融资平台：风险控制机制研究 [J]. 经济研究参考，2011（2）

[51] 张玉阳. 城市化背景下我国征地补偿标准的实证研究——以重庆市为例 [J]. 广东农业科学，2012（4）

[52] 袁芳，蔡银莺. 城市近郊被征地农民的福利变化及个体差异——以江夏区五里界镇为实证 [J]. 公共管理学报，2012（4）

[53] 唐杰. 城市化进程中失地农民社会救助体系研究 [D]. 中南大学，2011

[54] 苏楠，胡颖森. 对湖北省失地农民社会保障状况的调查研究 [J]. 湖北经济学院学报（人文社会科学版）,2007（6）

[55] 舒建中. 浙江省瑞安市失地农民社会保障体系研究 [D]. 南京农业大学，2010

[56] 岳经纶，翁慧怡. 地方最低生活保障制度研究：广东的案例 [J]. 社会保障研究，2010（2）

[57] 安徽省财政厅调研组. 关于失地农民保障机制建设的调研报告 [J]. 财政研究，2006（10）

[58] 李冬梅，钟永圣. 论我国城市化进程中失地农民的社会保障问题 [J]. 财政研究，2010（5）

[59] 赵曼，张广科. 失地农民可持续生计及其制度需求 [J]. 财政研究，2009（8）

[60] 刘红梅，王沛，王克强. 农村土地整治资金运作管理问题研究 [J]. 财政研究，2011（12）

[61] 陈志勇，陈莉莉 .“土地财政”：缘由与出路 [J]. 财政研究，2010（1）

[62] 余丽生 .“土地财政”的财政学思考 [J]. 财政研究，2011（3）

[63] 赵合云 .“土地财政”的生成机制：一个逆向软预算约束理论的分析框架 [J]. 财政研究，2011（10）

[64] 贾康，刘微 .“土地财政”：分析及出路——在深化财税改革中构建合理、规范、可持续的地方“土地生财”机制 [J]. 财政研究，2012（1）

[65] 陈志勇，陈莉莉 . 财政体制变迁、“土地财政”与产业结构调整 [J]. 财政研究，2011（11）

[66] 周雪飞 . 当前我国土地财政“倒逼金融”现象分析及对策研究 [J]. 财政研究，2008（9）

[67] 刘笑萍，童伟 . 地方财政收支政策的理性选择——从土地出让金的路径依赖说开去 [J]. 财政研究，2009（2）

[68] 薛白，赤旭 . 土地财政、寻租与经济增长 [J]. 财政研究，2010（2）

[69] 张丽华，李保春，张吕，张蕾 . 我国土地财政生成机理分析及解决思路 [J]. 财政研究，2010（12）

[70] 李保春 . 我国土地财政现象若干思考 [J]. 财政研究，2010（7）

[71] 曹红辉 . 地方融资平台：风险成因与治理 [J]. 财政研究，2010（10）

[72] 王晓曦 . 我国政府融资平台的制度缺陷和风险机理研究 [J]. 财政研究，2010（6）

[73] 梅建明，钟启高 . 关于当前地方政府建设融资的几个问题 [J]. 财政研究，2010（2）

[74] 梅建明 . 关于地方政府融资平台运行的若干问题 [J]. 财政研究，2011（5）

[75] 陈杉 . 地方政府投融资平台规范发展的政策建议 [J]. 财政研究，2011（5）

[76] 何洋，满燕云 . 地方融资平台债务：规模、风险与治理 [J]. 财政研究，2012（2）

[77] 地方政府投融资平台风险控制机制研究课题组 . 地方政府投融资平台：风险控制机制研究 [J]. 经济研究参考，2011（10）

[78] 封北麟 . 地方政府投融资平台的财政风险研究 [J]. 金融与经济，2010（2）

[79] 魏加宁 . 地方政府投融资平台的风险何在 [J]. 中国金融，2010（16）

[80] 刘煜辉 . 高度关注地方投融资平台的“宏观风险”[J]. 中国金融，2010（5）

[81] 肖耿，李金迎，王洋 . 采取组合措施化解地方政府融资平台贷款风险 [J]. 中国金融，2009（20）

[82] 俞乔，赵昌文 . 政治控制、财政补贴与道德风险：国有银行不良资产的理论模型 [J]. 经济研究，2009（6）

[83] 刘尚希 . 宏观金融风险与政府财政责任 [J]. 财政监督，2006（11）

[84] 樊纲 . 论“国家综合负债”——兼论如何处理银行不良资产 [J]. 经济研究，1999（5）

[85] 刘艺 . 试论国有商业银行不良资产与财政风险 [J]. 天津经济，2006（12）

[86] 刘尚希，赵全厚 . 政府债务：风险状况的初步分析 [J]. 管理世界，2002（5）

[87] 刘尚希 . 财政风险：一个分析框架 [J]. 经济研究，2003（5）

[88] 刘尚希 . 财政风险 : 从经济总量角度的分析 [J]. 管理世界，2005(7)

[89] 刘尚希 . 公共债务的分析与计量 [J]. 财政与发展，2005（12）

[90] 吴俊培，张斌 . 中国市场经济体制建构中的财政风险 [J]. 财贸经济，2012（1）

[91] 贺忠厚，武永义，张招娣 . 地方政府债务的防化与预警 [J]. 财政研究，2006（1）

[92] 薛钢 . 地方政府债务诱发财政外部性问题 [J]. 财政研究，2010（5）

[93] 许涤龙，何达之 . 财政风险指数预警系统的构建与分析 [J]. 财政研究，2007（11）

[94] 郭鸿勋，武康平 . 土地储备运行中的财政风险——基于土地价格变动的分析 [J]. 财政研究，2005（4）

[95] 龚强，王俊，贾珅 . 财政分权视角下的地方政府债务研究 : 一个综述 [J]. 经济研究，2011（7）

[96] 沈沛龙，樊欢 . 基于可流动性资产负债表的我国政府债务风险研究 [J]. 经济研究，2012（2）

[97] 孙涛，张晓晶 . 开放视角下的国家综合负债风险与市场化分担 [J]，经济研究，2007（7）

[98] 郭玉清 . 逾期债务、风险状况与中国财政安全——兼论中国财政风险预警与控制理论框架的构建 [J]. 经济研究，2011（8）

[99] 郭玉清 . 地方政府违约债务规模及偿债准备金研究——控制和化解地方财政风险的数理经济学视角 [J]. 山西财经大学学报，2006（6）

[100] 郭玉清 . 化解地方政府债务的目标设计与制度选择 [J]. 天津社会科学，2009（6）

[101] 谢虹 . 地方政府债务风险构成及预警评价模型构建初探 [J]. 现代财经 ,2007（7）

[102] 姜文彬 , 尚长风 . 委托代理视角下的地方政府债务分析 [J]. 经济体制改革，2006（6）

[103] 唐云锋 . 我国地方政府债务的扩张机制研究——基于委托代理理论框架下的分析 [J]. 财经论丛，2006（2）

[104] 裴育 . 构建我国财政风险预警系统的基本思路 [J]. 经济学动态，2003（9）

[105] 裴育 , 欧阳华生 . 我国地方政府债务风险预警理论分析 [J]. 中国软科学，2007（3）

[106] 缪小林 , 伏润民 . 我国地方政府性债务风险生成与测度研究——基于西部某省的经验数据 [J]. 财贸经济，2012（1）

[107] 伏润民 , 王卫昆 , 缪小林 . 我国地方政府债务风险与可持续性规模探讨 [J]. 财贸经济，2008（10）

[108] 王晓光 . 地方政府债务的风险评价与控制 [J]. 统计与决策，2005（9）

[109] 刘迎秋 . 论中国现阶段的赤字率和债务率及其警戒线 [J]. 经济研究，2001（8）

[110] 祝志勇 , 吴垠 . 内生型制度因子的财政风险分析框架——模型及实证分析 [J]. 财政研究，2005（2）

[111] 于凌云 . 经济增长过程中地方政府债务风险化解机制研究——基于某市地方政府债务问题的调查分析 [J]. 财政研究，2008（3）

[112] 赵志耘 , 张德勇 . 论地方政府或有负债 [J]. 财贸经济，2002（12）

[113] 地方财政或有负债研究课题组 . 地方财政或有负债研究 [J]. 财政研究，2003（2）

[114] 卢文鹏，尹晨 . 隐性担保、补偿替代与政府债务——兼论我国的财政风险问题 [J]. 财贸经济，2004（1）

[115] 马恩涛 . 政府或有负债控制及其风险防范研究 [J]. 财政研究，2010（7）

[116] 吕伟 . 基础设施建设与政府或有负债 [J]. 财政研究，2007（11）

[117] 吴存荣 . 基础设施建设与政府投融资 [J]. 财政研究，2007（12）

[118] 张海星 . 财政机会主义与政府或有债务的预算管理 [J]. 财政研究，2007（11）

[119] 马海涛，吕强 . 我国地方政府债务风险问题研究 [J]. 财贸经济，2004（2）

[120] 王叙果，张广婷，沈红波 . 财政分权、晋升激励与预算软约束——地方政府过度负债的一个分析框架 [J]. 财政研究，2012（3）

[121] 李胜 . 地方财政风险的制度性成因 [J]. 财政研究，2007（3）

[122] 黄国桥，徐永胜 . 地方政府性债务风险的传导机制与生成机理分析 [J]. 财政研究，2011（9）

[123] 袁洁，夏飞 . 基于审计视角的地方政府性债务管理探讨 [J]. 财政研究，2012（2）

[124] 赵兰，付少平 . 失地农民——政府与农民之间的权利零和博弈 [J]. 安徽农业科学，2007,35（6）

[125] 尹华，朱明仕 . 论我国公共服务供给主体多元化协调机制的构建 [J]. 经济问题探索，2011（7）

[126] 郑宇 . 战后日本城市化过程与主要特征 [J]. 世界地理研究，2008（6）

[127] 尚海涛 . 陕西省地方财政风险实证研究 [D]. 西北大学，2010

[128] 关飞 . 基于税收非均衡增长视角的财政风险问题研究 [D]. 天津财经大学，2011

[129] 高红艳 . 贵阳市城市化经济成本研究 [D]. 西南大学，2010

[130]Hana Polackova Brixi. Government Contingent Liabilities: A hidden Risk to Fiscal Stability [J]. Working paper of the World Bank, 1998

[131] Hana Polackova Brixi. Contingent Government Liabilities: A Fiscal Threat to the Czech Republic[J]. The World Bank, 2000

[132] Hana Polackova Brixi, Allen Schick. Government at Risk: Contingent Liabilities and Fiscal Risk, The World Bank, 2002

[133] Hana Polackova Brixi. Contingent Liabilities in New Member States[J]. The World bank, 2004

[134]Chang G.H, Brada J.C.the Paradox of China's Growing Under Urbanization [J]. Economic Systems, 2006

[135]Renaud B. National Urbanization Policy in Developing Countries [M]. Oxford University Press, 1981

[136] M.Coldatein, G.Woglom. Market-based Fiscal Disciplines in Monetary Union: Evidence from the US Municipal Bond Market [J]. 1992

[137]Accelerating Municipal Bonds Market Development in Emerging Economies: An Assessment of Strategies and Progress [J]. Public Budgeting and Finance, 1997

[138]Allen Schick. Budgeting for Fiscal Risk [J]. The World Bank, 2000

[139]Forni Mario, Reichlin Lucrezia. Risk and Potential insurance in Europe [J]. European Economic Review, 1999.Vol:43， Issue:7.1237–1256

[140]Lloyed–Ellis Huw， Zhu Xiaodong. Fiscal Shocks and Fiscal Risk Management [J]. Jounal of Monetary Economies, 2001.Vol:48， Issue:2.309–338

[141]Bunside Craig， Eichenbaun Martin， Rebelo Sergio. Government Guarantees and Self–fulfilling Speculative Attacks [J]. Journal of Economic Theory, 2004.Vol:119， Issue: l， Novernber.31–63

[142]Timothy Trwin, Michael Klein, Guillermo E Perry. Mateen Thobani Managing Government Exposure to Private Infrastructure Risk[J]. The World Bank Research Observer, vol.14， no.2.1999

[143]Christopher M Lewis, Ashoka Mody. Contingent Liabilities for Infrastructure Projects–Implementing a Risk Management for Governments [J]. The World Bank.1998

[144]Miguel Almeyda, Sergio Hinojosa. Revision of State of the Art Contingent Liability Management [J]. World Bank Policy Research Working Paper, Washington DC, May 2001

[145]World Bank. Fiscal Risks due to Off–budget Liabilities in Indonesia in Public Spending in a Time of Change [J]. Washington DC, Unpublished, 1999

[146]Hemming Riehard. A Framework for Assessing Fiscal Vulnerability[J]. IMF, work in progress

[147] Teresa Ter–Minassian. Government Guarantees and Fiscal Risk: Prepared by the Fiscal Affairs Department [J]. 2005（4）

[148]International Monetary Fund. People's Republic of China: Financial System Stability Assessment [J]. 2012

[149]Bernoth K., Schuknecht L., Hagen J.. Sovereign Risk Premiums in the European Government Bond Market [J]. Working Paper Series 369, European Central Bank, 2004

[150]Butler A.W., Fauver L., Mortal S.. Corruption, Political Connections, and Municipal Finance [J]. the Review of Financial Studies, vol22, No.7, 2009:2873–2905

[151]Brennan J., Buchnan J.. The Power to Tax: Analytical Foundations of a Fiscal Constitution [M]. New York: Cambridge University Press, 1980

[152]Cukierman A.. Central Bank Strategy, Credibility and Independence: Theory and Evidence [M]. Cambridge, Massachusetts: MIT Press 1992

[153]Diamond Douglas W.. Monitoring and Reputation: The Choice between Bank Loans and Directly Placed Debt [J]. Journal of Political Economy, vol99, No.4,689–721,1991

[154]Elkhoury Marwan. Credit Rating Agencies and Their Potential Impact on Developing Countries [J]. Conference on Trade and Development Discussion Papers, No.186,United Nations, January 2008

[155]Fisher W., Turnovsky S.. Public Investment, Congestion, and Private Capital Accumulation [J]. The Economic Journal, 108（447）:339–413,1998

[156]Filc G., Scartascni C.. Is Latin America on the Right Track? An Analysis of Medium–Term Frameworks and the Budget Process [J]. IDB Working Paper Series, Inter–American Development Bank, March 2010

[157]Giugale Marcelo, Fausto Hernandez-Trillo, Jiao C.. Oliverira, Subnational Borrowing and Debt Management [J]. Chapter 6 in Marcelo Giu gale and Steven Webb, Achievements and Challenges of Fiscal Decentralization: Lessons from Mexico, The World Bank, 2000

[158]IMF, World Bank Staff. Draft Guidelines for Public Debt Management [J]. Handbook on Public Sector Performance Reviews

[159]Jin J., Zou H.. Fiscal Decentralization and Economic Growth in China [J], CEMA Working Paper:7-8, 2008

[160]Kornai J., Maskin E., Roland, G.. Understanding the Soft Budget Constraint [J]. Journal of Economic Literature, Vol, 41: 1095-136, 2003

[161]Liu Lili, Kim Song Tan. Sub-national Credit Ratings: A Comparative Review [J]. Policy Research Working Paper, WPS5013, The World Bank, August 2009

[162]Moody's. Regional and Local Government outside the US: Updated Rating Methodology [J]. Global Credit Research, Moody's Investors Service, May 2008

[163]Noel M.. Building Sub-national Debt Markets in Developing and Transition Countries: A Framework for Analysis, Policy Reform, and Assistance Strategy [J]. World Bank Policy Research Working Paper 2399, World Bank, Washington DC, 2000

[164]Platz D.. Infrastructure Finance in Developing Countries—The Potential of Sub-sovereign Bonds [J]. DESA Working Paper, No.76, 2009

[165]Rodden J.. Reviving Leviathan: Fiscal Federalism and the Growth of

Government [J]. International Organization, Vol.57, No.4: 695–729, 2003

[166]Schuknecht L., Hagen J., Wolswijk G.. Government Risk Premiums in the Bond Market: EMU and Canada [J]. European Journal of Political Economy, 25:371–384, 2009

[167]Shah A.. The Reform of Intergovernmental Fiscal Relations in Developing and Emerging Market Economics [J]. Policy and Research Series No.23, World Bank, Washington, DC, 1994

[168]Singh R., Plekhanov A.. How should Sub–national Government Borrowing Be Regulated? Some Cross–Country Empirical Evidence [J]. IMF Working Paper. No.05/54, 2005

[169]Sylvan G. Feldstein, Frank J. Fabozzi. The Handbook of Municipal Bonds, John Wiley & Sons, Inc., Hoboken, New Jersey, 2008

[170]Ter–Minassian T., Craig J.. Control of Sub–national Government Borrowing [J]. in Ter–Minassian, Teresa edited Fiscal Federalism in Theory and Practice, IMF, 1997

[171]Ter–Minassian T., Albino–War M., Singh R.. Managing Sub–national Borrowing [J]. paper presented at the Authors' Conference for the Handbook of Fiscal Federalism, 2004

[172]Niskanen W.A.. Bureaucracy and Representative Government [M]. Chicago: Aldine, Atherton, 1971

[173]Shih Victor. China's 8,000 Credit Risks[J]. the Wall Street Journal, February 8,2010

[174]World Bank. China Financial Sector Assessment [J]. 2012